豊後街道を行く

松尾卓次

弦書房

豊後街道を行く ● 目次

はじめに　8　豊後街道全図　6

一　熊本城から大津まで（街道歩き第一回　地図13頁、14頁）……11

里程元標跡　12／熊本城内　14／百間石垣　17／京町・坪井　18／
小泉八雲旧宅　19／一夜塘　20／桜山神社　21／宮部鼎蔵　22／
一里木跡　23／杉並木　24／二里木　25／武蔵塚　27／
三里木跡　28／頼山陽碑　29／日本の道百選　30

二　大津から内牧まで（街道歩き第二回、第三回　地図36頁、50頁）……33

大津宿　34／大津堀川　34／御茶屋跡　38／清正公道　39／
六里木跡　41／二重峠　42／二重の石畳　44／峠越え　44／
坂下駕籠据場　46／阿蘇谷を歩く　47／的石御茶屋跡　48／的石　52／
産神社　53／九里木　53／五高道場跡　54

三　内牧から笹倉まで（街道歩き第三回、第四回　地図50頁、66頁）……57

内牧宿　58／内牧宿の勝海舟　59／山頭火句碑　61／霜神社　62／
塩塚の道標　63／あそＢＯＹ　64／阿蘇神社　68／坂梨宿　69／
坂梨宿と伊能忠敬　70／子安観音　71／
「大坂に坂なし、坂梨に坂あり」　72／滝室坂　74／砲台跡　75／
カヲの墓　76／四里塚　77／笹倉　78

四　笹倉から久住まで（街道歩き第五回　地図84頁）……81

ヘキ谷　82／産山村　83／水恩碑　83／大利の石畳　86／国境《くにさかい》　87／
豊後の国入り　88／肥後領　89／神馬・一里山　90

五　久住から野津原まで（街道歩き第六回、第七回　地図96頁、102頁）……93

久住宿　94／境川　98／納池　99／老野神社　99／
古屋敷・四つ口・追分　100／神堤　101／豊後のキリシタン墓碑　104／
再び、山頭火　105／吉田松陰　106／丸山八幡宮　108／今市宿　109／
堪水《たまりみず》　112／矢貫の石橋　113

六　野津原から鶴崎まで（街道歩き第八回　地図118頁）……115
野津原《のつはる》宿　116／法護寺　117／七瀬川渡し　120／変わる街道筋　121／
島原領預地　122／大分川土手　123／豊肥本線　124／鶴崎御茶屋跡　125／
法心寺　126／毛利空桑先生　127／波奈之丸　128／堀川公園　129／
岡藩御座船図　130

豊後街道の見所　131

おわりに　140　　主要参考文献　143

＊（　）内の街道歩き第一回～第八回は、著者が実際に歩いたときの回数を示しています。また一～六の章見出しは、参勤交代が行なわれていた当時の宿場を一区切りとして分けています。

＊この（本書に掲載している）地図は、国土地理院長の承認を得て、同院発行の2万5千分の1地形図、5万分の1地形図、20万分の1地勢図を複製したものです。

（承認番号　平18九複、第98号）

別府市
大分市
鶴崎
大野川
萩原
つるさき
高崎山
湯布院温泉
おおいた
津守
曲
光吉
国分
木上
大分県
湯平温泉
野津原町
太田
湛水《たまりみず》
芹川
今市
九重山
大船山
長湯温泉
温見《ヌクミ》
神角寺
神堤
豊後大野市
犬飼町
久住
産山村
朝地町
竹田市
笹倉
竹田市荻町
祖母山
傾山
街道歩き第5回：笹倉～久住（16キロ）
街道歩き第6回：久住～神堤（13キロ）
街道歩き第7回：神堤～野津原（15キロ）
街道歩き第8回：野津原～鶴崎（20キロ）
豊後街道全図
0 5 10km
20万図 熊本・大分

福岡県
熊本県
街道歩き第１回：熊本城～大津（16キロ）
街道歩き第２回：大津～的石（16キロ）
街道歩き第３回：的石～宮地（16キロ）
街道歩き第４回：宮地～笹倉（12キロ）
日田市
小国町
日田市上津江
南小国町
黒川温泉
大観峰
内牧
一の宮
宮地
坂梨
阿蘇市
的石
二重峠
阿蘇観光道路
阿蘇山登山道路
阿蘇山
杵島岳
中岳
高岳
根子(猫)岳
清正公道
大津町
合志市
植木町
菊陽町
託麻町
熊本城
熊本市
くまもと
すいぜんじ

はじめに

このところ街道歩きにハマっている。つまり道を楽しむ〈道楽〉をしている。今まで「島原街道」と、その延長の「長崎街道」と歩いた。他にそれらに結ばれる「平戸街道」や「三池街道」、「筑前街道」などを部分的に歩いてみた。今度は「豊後街道」の番だと意気込んでいたが、やっと出発点に立てたのは平成十五(二〇〇三)年の春であった。

豊後街道は、熊本城から大分・鶴崎湊まで、九州を横断する往還である。その距離三一里、一二四キロとなる。この道は、加藤清正が開いたという。それで清正公道といわれて、他街道にない特色がある。道幅何十メートルもの大道や掘り込み道。十数キロも続く杉並木道。一里ごとに槙の大木を植えて何里木と名づけたりと、四〇〇年たつ今もその一部が残っている。

この道は九州横断の最短コースであったから、肥後藩主は参勤で通り、多くの旅人が往来した。幕末のあわただしい中に吉田松陰が三泊四日で駆け抜けたし、勝海舟が坂本龍馬たちを率いて、土地の様子を観察しながら、兵庫から長崎へ駆けつけた。そんな平和な道であったが、西南戦争時には戦さ道となって、政府軍と西郷軍は各地で砲火を交えている。

〈豊後街道は歴史の道である〉

三一里、全行程を歩いて見て、いろんな発見があった。急坂には何万、何十万という石を敷き詰めた石畳が残る。村の長は農民を率いて水路を引き農地を開発した。名も知れぬ石工が架けた堅固な石橋、道中安全を祈願した石仏などなど、先人の偉業が脈脈と伝えられていることが分かった。

〈豊後街道は歴史を追体験できる道である〉

峠を登り切ったら、眼前に雄大な阿蘇の山々が見える。疲れも吹き飛んで気分も爽快となった。何だか自分も阿蘇の山と同じように大きくなった感じがする。石畳が延々と続く。一歩一歩踏みしめて歩くと足も軽やかで、流れる汗も気持ち良い。あちこちに歌碑や句碑が立っている。訪れた歌人や俳人はこのすばらしい光景を認めている。声を出してその歌を詠んでみると、その歌人になったような気がする。

みなさん、この本を手に豊後街道を歩いてみませんか。きっと何かを発見できますよ。

一　熊本城から大津まで

〔大津宿泊〕

街道歩き第一回：熊本城〜大津（一六キロ）

里程元標跡

この数年、街道歩きを楽しんできたが、今度は「豊後街道」である。と何年も思い、準備していたが、平成十五（二〇〇三）年春、実現にこぎつけた。やっと出発地に立つことができた。

出発点は熊本城の一角、札の辻。熊本のすべての道がここを起点に周辺へ延びているところ。北へ豊前街道、南へ薩摩街道、そして東へ日向街道とこの豊後街道である。

「熊本より鶴崎道

熊本（五里）大津（五里）内之牧（八里一六町）久住（七里二〇町）野津原（五里）鶴崎」

「熊本札之辻より鶴崎へ三十一里」

❶

すべての道はここから始まる。里程元標跡

文化十二（一八一五）年、この地を訪れている高木善助は『薩陽往返記事』に書いている。また同時に、

「熊本より隣国城下へ道規」

「筑後柳川十六里、久留米二十四里、三池十二里、肥前佐賀二十里、平戸四十五里、島原十二里但川尻より船路十里、薩州鹿児島五十一里、豊後府内二十九里、岡二十一里、臼杵三十三里、小倉四十二里、延岡三十二里、飫肥五十八里、筑前福岡三十里、秋月二十七里、球磨人吉二十五里、日田二十三里、肥前長崎川尻より大回り四十七里、熊本より長崎まで三十四里」

とある。

今この地には、「里程元標」が立っていて、「ここ新一丁目（現・新町一

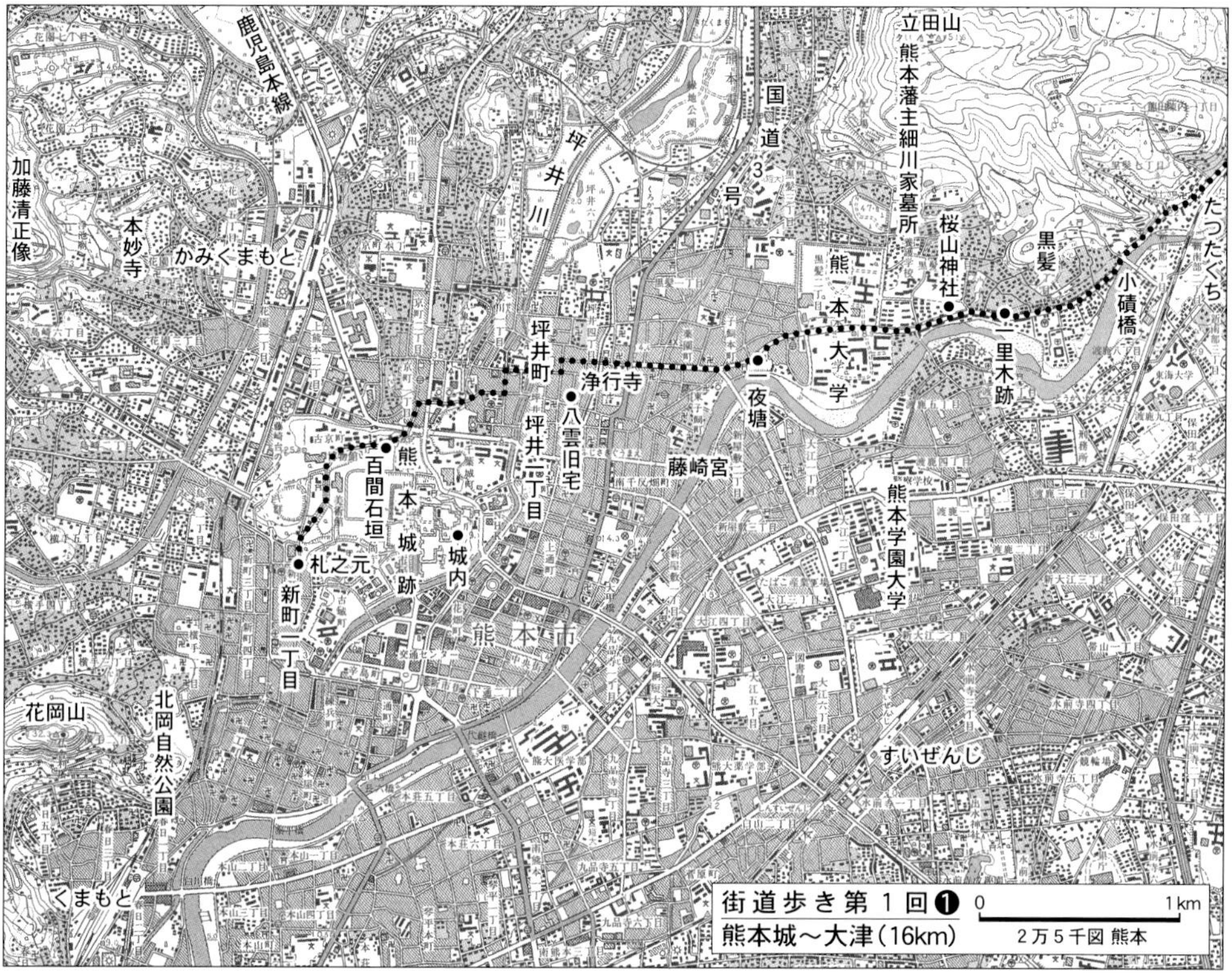

丁目）御門前に藩の種々の政令を掲示する札の辻という広場があった。またここを起点に里程元標を決め、豊後街道などの里数が測られた。その時に一里、二里、と進むごとに街道の両側に榎を植え、これを里数木と称していた」などと書かれている。ここが東海道でいうならば日本橋の元標にあたるところと分かる（写真❶）。

豊後街道はここから始まる。さあ元気を出して出発だ。

隣接して小公園がある。清爽園と名付けられていた。早速、立ち寄る。西南戦争時の熊本鎮台将兵の戦没者を祭るために、明治十一（一八七八）年ここに記念碑を建てた。その後、歩兵第十一旅団長・乃木希典の呼びかけで更に整備されて、昭和になって「清爽園」と命名された。なるほど、熊本城は西南戦争時の大激戦地であったから、今もこうしてその記念碑が残るのか。

熊本城内

街道は城内を通る。それで熊本城内へと入る（写真❷）。街道が城内を通るのは非常に珍しい。長崎街道は佐賀城を大きく北へ迂回し、小倉城下でも西へ回り道を造っていた。それなのに、加藤清正はなぜ城内を通過させたのか。

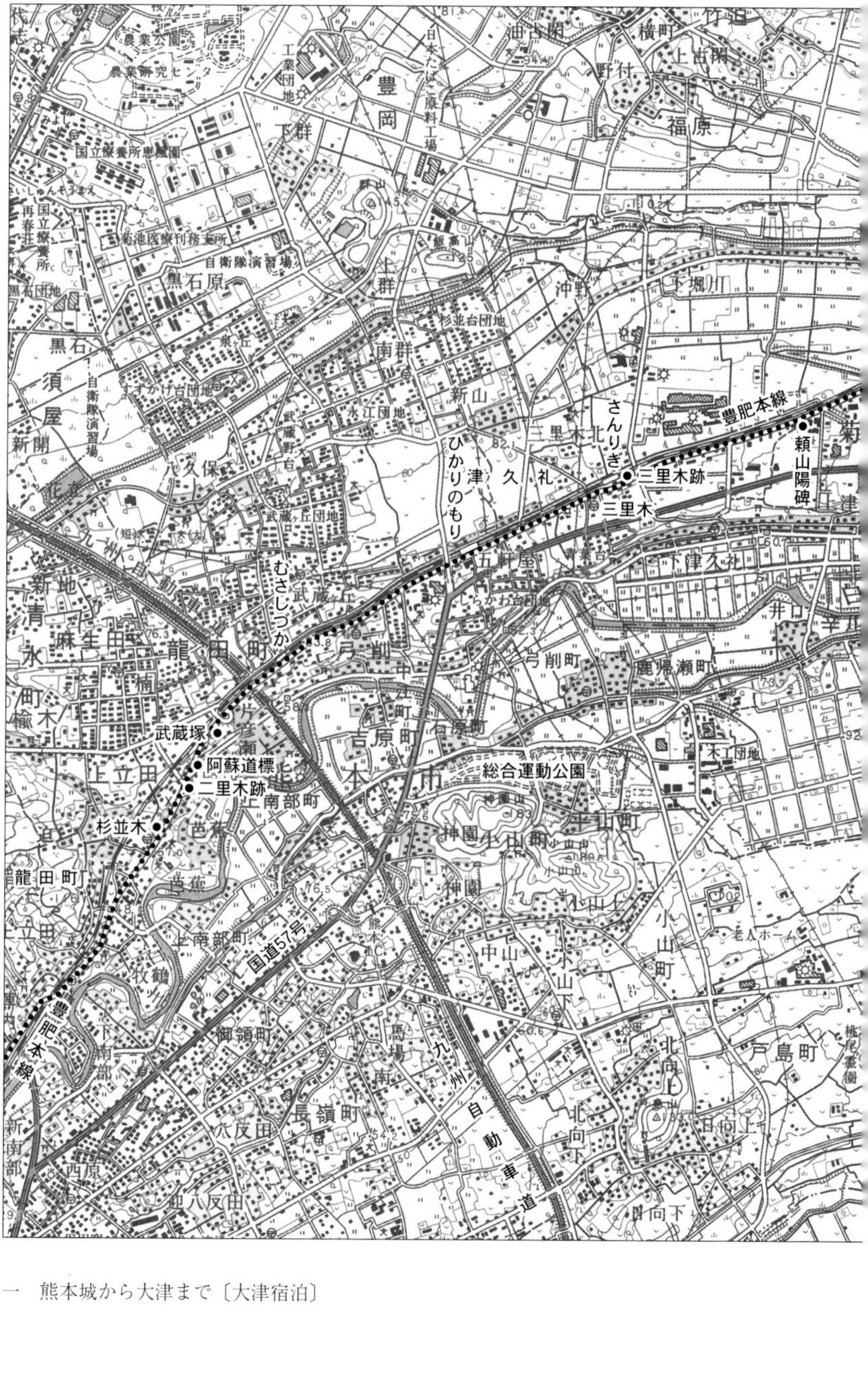

豊肥本線
頼山陽碑
三里木跡
三里木
さんりぎ
ひかりのもり
むさしづか
武蔵塚
阿蘇道標
二里木跡
杉並木
総合運動公園
国道57号
九州自動車道
豊岡
福原
黒石原
須屋
新開
龍田町
熊本市
新山
津久礼
下津久礼
鹿帰瀬町
吉原町
弓削町
上南部町
芭蕉
小山町
戸島町
長嶺町
八反田
馬場

❷

熊本城――「熊府の城郭の巨大、実に驚くに堪えたり」（吉田松陰）

江戸時代中期に熊本に来遊した、古河古松軒は書いている。

「旅人の通行、北より来る者は東の門より入りて西の門に出、南より来る者は西の門より入りて東の門に出る。その間、数間にて城門幾門も通ることにて、左右、高石垣にて箱の中を行くが如し。前後は櫓門にて、その門を閉じる時は遺憾とも成し難き所なり。

土人の物語に、薩州侯御往来の節、この所にて前後左右を見給い、大名の通るべき所にあらず、かかる地を往来とせしは心無きことと御怒りの色見るべしという。

定めて虚説のこととは察しながら、いかにも貴人の通行すべき城内にあらず。鳥を捕らえ駕籠へ入るる様の所なり」（『西遊雑記』）

さすが築城の名人、加藤清正である。隔離するだけでなく、積極的に堅固さを見せつけようとしたのだ。これほど見事な軍事デモンストレーションはあるまい。いうまでもなく築城は加藤清正。清正公の実戦経験から築かれており、着工は関ヶ原の合戦の翌年、慶長六年といわれ、同十二（一六〇七）年に完成した。

「清正公様、通らせていただきます」

法華坂を通り、「箱の中」を進んでいる。高い石垣に囲まれた道は何度も曲がる。島津侯が槍を立てて通行したら、櫓の狭間が一斉に開いたそうで、それ以来、島津侯は槍を伏せて通行していたそうだ。その様子が分かる分かる。本当に、籠の中の鳥だ。

吉田松陰も書いている。「熊府の城郭の巨大、実に驚くに堪えたり。人以て九州第一と称す。蓋し過称に非ず」（『西遊日記』）

❹ ❸

壺渓先生は何を見て来られたか

百間石垣——城内の石垣もこのすごさ

広い城内は見所いっぱいではあるが、最初から寄り道して時間を取っては、本日の目的地・大津宿までは道中も長い。別に一日をとって城内と城下巡りをしよう。

百間石垣

二の丸跡へ進み、三の丸跡へと進む。古い建物があるぞと、のぞく。旧細川刑部邸だ。刑部は、細川初代藩主忠利の弟で、興孝から十一代興増の代まで、代々武家屋敷として使用されてきたもの。それを移築して公開している。

本来の街道は、新堀橋を北に出て京町台地へ進む。しかし刑部邸を見て、百間石垣下へ出た（写真❸）。

高さ五間、長さ一一一間もの石垣が続く。すごい光景。これを見たかったから回り道をしたのだ。清正公が築いた名城たる所以がここに残る。これまた名城の証である。

熊本城は天下の名城といわれる。その城構えは大きく、坪井川と井芹川を内郭に、白川を外郭にして、東西一・六丁、南北一・二丁と二〇〇町もの広大な城域である。その中に武者返しを付けた石垣の天守閣を中心に四九の櫓と一八の櫓門、二九の城門を備えた名城である。特に豪壮堅固な石垣に特色があり、その石は城西、松尾山から採出したもの。往時の偉容がここかしこと残る。ここ百間石垣もその一つだ。

西南戦争で焼失した天守閣を始め、櫓や長塀の復元が続いている。さらに往時の姿を取り戻そうと、市民・県民に呼びかけた大募金運動も始まった。

京町・坪井

新堀の地は、御城と京町台地を繋ぐ地峡部にある。城の搦め手にあたる重要なところであるから、ここに櫓門を築き、番所を置いた。この地峡部に掘割して陸橋を架けて新堀橋といった。その上が監物《けんもつ》櫓である。米田監物預りの地で、二の丸御門もあった。

この一帯は城へと続く台地であり、その南側末端に目を付けて加藤清正は築城した。この台地に高い石垣を築いて城とし、台地の東の坪井川、西の井芹川を内堀として、強固な城を造り上げた。西南戦争時に西郷軍の攻撃にも、籠城した鎮台兵はよく耐えしのいだ。

こうして歩いてみると、清正公様の築城ぶりがよく分かる。

城を出て京町を歩く。ほどなくして右折。真っ直ぐ行くと豊前街道で、久留米、小倉へと通じる。熊本拘置所の塀沿いに坂を下る。観音坂を一気に下る。中腹に尼寺・観音寺があったが、五〇年ほど前の大水害で廃寺となり、その名前だけが残っている。坪井町通りを歩いていたら、壺渓先生の胸像に出会った（写真❹）。

「この人、誰ですか」と、Hさんが言う。

壺渓とは、木庭徳治先生の雅号で、ここを流れる坪井川にちなんだ名前である。先生はここに塾を開いて、壺渓塾と称した。日本で二番目に古い予備校だそうで、昭和五（一九三〇）年に創立した。

「単に大学に通るためではなく、高い知性と美しい人間像の育成を目指す」ことを、教育理念とした。以来七〇年余り、今では大学・高校受験科だけでなく、公務員専攻科や教員採用コースもある。世相が良く現れている。

毎日予備校生を眺めて、先生は現在の教育事情をどう見ていらっしゃるだろうか。

小泉八雲旧宅

また横丁で意外な発見。坪井二丁目の小泉八雲旧宅とゆかりの東岸寺弥陀六地蔵堂だ（写真❺）。歩いていると、周りが良く見えるから面白いものに出会う。

この寺は、八〇〇年前に平家一門の平宗清が開いた。出家して弥陀六となり、諸国行脚の途中に熊本に来て、この地で弥陀六地蔵尊を作り、一宇を建立したことに始まる。

八雲は明治二十三（一八九〇）年来日、日本に帰化して第五高等学校教授として熊本に赴任した。この弥陀六地蔵堂前に二年間暮らして、地蔵様と回りの人たちの暮らしを興味深く見つめている。

著書『東の国より』には、その時の様子が述べられている。七月二十五日にこの地蔵さん祭りがあって、この温顔慈相の仏様が好きで、奉加金を寄進したこと。それで、門前に三フィートほどもあるトンボの作り物が飾られて、それを八歳の子どもが独りで作ったことを聞き、驚いている。八雲が坪井の温かい人たちと交わるなかで、熊本の良さを堪能している。長男の一雄さんがここで生まれたこともあって、生涯忘れ得ぬ土地となっているようである。

熊本電鉄の線路をわたる。国道三号線へ出た。九州を縦に貫く大動脈である。元は熊本城内を通り、先ほど歩いた京町へ出ていたが、車

❺

小泉八雲には思い出の地、弥陀六地蔵堂

時代を迎え、交通量が増えて城の東側を迂回するようになった。なるほど自動車が多い、しばらく信号待ちする。ここは浄行寺交差点で、正面へ旧国道五七号線（現県道三三七号線）が延びる。戦後、旧豊後街道が国道となったものだ。

右手へ行くと藤崎宮だ。あの馬追い祭りで有名な神社である。多くの勢子に囃し立てられて飾り馬が躍る。熊本県人の血を沸かせる秋祭りだ。

街道に面して赤い鳥居が立っている。見ると、立田口大神宮とある。ここには明治初年まで成就院もあったが廃寺となり、神社だけが残る。

京町から坪井町までは古くからの職人町であったから、その名をつけた町が多かった。しかし今では歴史を伝える旧町名もなくなってしまった。

一夜塘

御薬園跡と標示板がある。旧肥後藩の薬園が開かれていたが、今では人家が建て込んでいて、町名だけにその名が残る。

子飼橋のたもとに一夜塘《いちやども》があるので立ち寄る。こんもりとした小さな丘になっていて、すぐ裏は白川だ。つまり白川がこのあたりで大きく曲がり、よく氾濫していたので、その防御のために塘（堤防・井手）を築いた。

寛政八（一七九六）年辰の大水の時、斉茲《なりしげ》藩主が一夜の内に築かせたので一夜塘というそうだ。今でもそれが約七〇㍍ほど街道に面して残り、小公園になっている。

子飼橋というと、昭和二十八（一八五三）年の熊本大水害の時にこのあたりが決壊して全市水浸しになっ

❻

熊本大学（旧制五高）には赤レンガが今も残る

❼

桜花が敷きつめられたような「誠忠の碑」

たことを思い出す。

熊本大学前を進む。とたんに道幅が広がった。約一五メートルもあって、旧豊後街道そのままの道である。明治二十七（一八九四）年、前身の第五高等学校が開校した時以来、道幅は変わっていないから、清正公様の道造りの壮大さが分かる。五高・熊本大学の赤レンガ校舎を横目に見て進む（写真❻）。五高が開校して一世紀以上、その果たした役割は大きい。

と思って歩いていたら、道幅がぐっと狭まって八メートル。旧街道上に人家が並んでいる。明治以来、民有地へ払い下げられたのだな。車時代の現在よりも幅広い街道を造ったのだから、何とその構想の雄大さよ。

桜山神社

桜山神社がある。少し坂を登っていったら、桜の木の下に石碑がずらりと並んでいて、その奥に誠忠の碑が立っている（写真❼）。その間には、今散ったばかりの桜花が一面敷き詰められている。一三〇年前に昇華した神風連の人たちの気持ちを今なお表わしているようである。その花びらの上を歩くには気が引けるから、遠くから手を合せる。いい時期に行き合わせて良かったなあ。

よく肥後もっこすといわれる。つまり頑固だということか。この神風連の乱もその一つだろう。明治九（一八七六）年、太田黒伴雄たち旧熊本藩士百数十人は敬神党（神風連）へ結集していた。新政府の急速な欧化政策に不満を抱き、直接行動を起こす。到底勝ち目のないことを知りながら、熊本鎮台を襲い、種田政明司令官や安岡良亮県令らを殺害して兵舎を焼き討ちした。しかし間もなく鎮台兵に鎮圧されて太田黒たち一二四人は、戦死したり自刃し果てた。秋月の乱や萩の乱と共に、明治新政府の開明策に不満士族が起こした反乱の一つである。この神風連資料館が境内にある。入館して改めてこの反乱が何だったのかを思い知らされた。

宮部鼎蔵

境内には宮部鼎蔵の歌碑も立っている（写真❽）。

「いざ子ども馬に鞍おけ九重の御はしの桜散らぬそのまに」

これは京都へ出発する時、まだ幼い子どもたちに勤王の決意を伝えた歌といわれる。その後、鼎蔵は尊王運動の理論派と呼ばれて活躍するが、文久三（一八六三）年、新選組に襲われて自害した。これがあまりにも有名な寺田屋騒動で、この事件で明治維新は数年遅れたといわれている。享年四五歳であった。

宮部鼎蔵の名は早くから知られていて、吉田松陰は、嘉永三（一八五〇）年と六年の二度ほど訪ねている。最初は平戸、長崎遊学の帰路で、その名声を聞いて熊本へ立ち寄っている。二度目はその三年後のことで、ペリー艦隊に次いでプチャーチン艦隊が長崎へ来航した時のことであった。

この時、松陰は江戸から急行して長崎へ向かう。東海道、瀬戸内海路、そして豊後街道を三泊四日で駆け抜けた。島原へ渡海して長崎へ急いだ。熊本では七泊もして、宮部鼎蔵や横井小楠たち延べ四三人もの人物と会っ

❽

桜山神社で宮部鼎蔵の歌碑に立会う

ている。それで長崎到着は十月二十七日となり、その時にはすでにロシア艦隊は出港した後だった。なぜ熊本で長逗留したのか。大きな謎だ。ある人は外国へ密航を考えていたという。事実この半年後、下田で密航を企てて失敗しているからである。鼎蔵や小楠たちと連日、何を話し合っていたのだろうか。ずっと気になっている。この街道の中には吉田松陰が宿泊したところ（小無田など）があるので、そこでも調べてみたい。

一里木跡

街道沿いにはよく一里塚が造られていた。それは旅の目印として、旅人の休みの場、木陰として役立っていた。豊後街道でもそうで、榎を植えて、一里木、二里木、何里木と称していた。

この仕組みはいつ出来たかはっきりしないが、加藤清正の肥後入国、慶長六（一六〇一）年以後という。しかし幕府が東海道など幹道を整備し始めたのが慶長九年で、慶安二（一六四九）年には街道制度が確立されているから、それなら細川時代初期となる。どうも熊本では「清正公様のおかげ」とよくいわれるが、いずれにしろ、江戸時代初期には街道両側に榎を植えさせ「何里木」とさせたようである。

その一里木が黒髪バス停にある。今ではその木も枯れて、「一里木跡」の石碑だけが残る（写真❾）。熊本城内の「里程元標」からここまで一里、つまり約四キロである。豊後街道にはこの里数木跡が残されているから、それを一つずつたどるのがひとつの楽しみである。一里の距離は普通、歩くと一時間（昔の半時）で、一日に七〜八里歩くのが昔の旅人の行程であった。

❾

一里木の跡は石碑のみ

⑩

やっと目にした杉並木

それで里数木や一里塚は、歩行のよい目安となっていた。

その昔、ここで見送りの人とお別れしていたところ。ここから江戸まで三〇〇里の長旅であったから、名残も尽きなかったろう。

杉並木

「このあたりが杉並木の西端」と、ずっと以前に発刊された『熊本県歴史の道報告書――豊後街道』に書いてあったが、見出せない。一里木と同様に枯れてしまったのか、周りはすっかり住宅地となっている。

小磧橋《こせきばし》端に来た。ここから白川を右手に見ながら歩く。立田山が迫っているので、川も狭まって流れている。すぐ左手の崖上が立田城跡。崖面には横穴墳があったそうだが道路拡張工事などで破壊されてしまったようだ。

JR竜田口駅を過ぎる。豊肥線だ。熊本から阿蘇を貫き、大分まで達する九州横断鉄道である。ほぼ豊後街道に沿って敷設されている。しばらく平行して歩く。

国道三号線バイパスの高架を潜る。熊本の郊外地として開かれた住宅地を通る。

待ち望んでいた杉並木を発見！ といっても、杉の大木がまばらに立っているだけである（写真⑩）。このあたりが現在の西端部であろう。この数十年の内に随分と杉並木も失われてしまった。ずっと昔、修学旅行で阿蘇山へ行った時には、杉並木の中をずっとバスで通っていたようだったが。道幅がまた広くなって来た。三宮社がある。ここは昔のままだ。大きな楠や杉がうっそうと茂っている。阿蘇三ノ宮の末社である。

龍田小学校前に出た。昔を彷彿させる杉並木が続く。

二里木

二里歩いた。二里木がある。ここには榎が残っていた。といっても、二世木が親木を台木に寄生し、一〇メートルの高さに成長している（写真⑪）。親は枯れても子を残すか。他の里数木は枯れたり伐採されたりで、その名前だけしか残っていないが、この木は唯一残る里数木である。うれしいね。

「大津街道の里数木」と説明板があって、熊本・札の辻から阿蘇外輪山の七里木までの案内が書かれていて、良く分かる。

このあたりは道幅が広い。古記録には「馬踏五間、幅九間」とあるが、そうなのか。つまり全幅一八メートルもあって、中央一〇メートルが通路となっていた。それを今では、西半分しか県・市道に使っていない。東側は広場となり、駐車場に利用されている。

道幅に注意して歩いてきたが、清正公道の本体が現れたぞと、うれしくなった。

⑪

二里木。二世木が残る

加藤清正は慶長六（一六〇一）年入国し、矢継ぎ早に大土木工事へ取りかかる。熊本城築城、有明海干拓と用水路の開発、そして豊後街道の整備だ。世に言う清正公の国造りだ。今でいうならば社会インフラの確立だ。そんな面からも「清正公様」と、熊本では尊敬を集めている。

近くに道標があるはずだがと注意して歩いていたら、あった。白川沿いに瀬田へ向かう県道の分岐点に高さ一・二メートル、幅三〇センチの石柱が立っている。見過ごすところだった。なんと道路改修工事の立看板の支柱となっている。注意して見なければ分からないはずだ。

「右　あそ大分　左　大津内ノ牧」と刻まれ、裏面には、「阿蘇郡甲斐有雄」とも彫られている道しるべである。

ここは阿蘇へ向かう道との分岐点になるから、高森町の甲斐氏が個人で立てたもの。氏は一九〇〇もの道しるべを自力で立てたが、この地点は一六二八番と刻まれていて、明治二十年代（一八八七～九六）のものか。

道標の重要性は今も昔も変わらない。特に歩いて旅していたその昔は、今日のカーナビ以上に重要であった。その大切さを知っていた甲斐氏は自力でこんなにも数多くの道しるべを立ててくださったのだ。感謝！　感謝！　それにしても、もっと先人の贈り物を大切にしなければ。

この地で初めて熊本城を目にしたと、勝海舟は感嘆して、文久四（一八六四）年二月十九日の日記に書いている。

「熊城を路二里程より望む。天守孤立、築制他城の比にあらず」

この時、勝海舟は下関砲撃事件以後、悪化した外国との関係修復のために長崎へ向かっていた頃だった。坂本龍馬たち海軍操練所の若者を引き連れて長崎へ急いでいたので、龍馬もここで名城を初めて目にしたのである。

ここから熊本城が見えたとは今では想像もつかない。都市化の波がかつての農村地帯へも広がり、いい住宅地、商工業地帯になっているので、すっかり眺望が遮られてしまった。平原の中にすっくと天守閣が聳え立つその偉容を、ぜひ見てみたいものだ。

武蔵塚

すぐ、武蔵塚に出た。このあたりはすっかり住宅地に開発されていて、地下の武蔵もゆっくりと休んで居れないだろう。墓前の旧豊後街道は自動車の洪水で、近くを九州自動車道が通り、JR特急電車が博多へと走る。

屋敷門を思わせる木の大門を潜ると、そこは別世界。大小二刀を持つ宮本武蔵像が、カッとにらむ（写真⓬）。NHKテレビで「武蔵」が放映されたので、ブームを呼び、今日も訪れる人が多い。

武蔵はかなり伝説化されている。生まれも諸説があって、まして生涯六〇回も勝負して一度も敗れなかったこと、佐々木小次郎との対決などがそうである。多分に、吉川英治の小説『宮本武蔵』が元となり、定説化しているきらいがある。江戸時代に、ここ豊後街道を旅した人で武蔵塚にふれたものはいない。伊能忠敬もこの道を測量して豊後へ回ったが、もちろん記述がない。

⓬

二刀流の武蔵ににらまれて

晩年の武蔵は、肥後藩主細川忠利の客分として招かれ、軍事顧問として仕えた。そして死亡するまで熊本に留まり、『五輪の書』を著す。正保二（一六四五）年に六二歳で死去したが、遺言で「細川公の参勤を見守るために、甲冑を帯び六具に身を固め、立身の姿でこの地に葬られた」と伝えられている。今そこには「新免武蔵居士石碑」が立っている。

忘れられた武蔵であったが、剣豪ブームで息を吹き返したようである。武蔵うどんまで生まれている。

昼になったので食堂で、その「武蔵うどん」を食べた。何と、餅入りうどんだった。同行のHさんは「小次郎うどん」、Yさんは「お通うどん」とみんなは競って食べる。

「うまい！　腹一杯になった」

三里木跡

街道は随分広くなった。道の左手半分にJR豊肥線が走り、その外側には町道もある。残り半分に旧国道五七号線と昔からの杉並木が通る。これがすべて旧豊後街道の道路敷である。その道幅六〇～八〇㍍はあろう。それが延々数㌔、阿蘇を目指して真っ直ぐに延びる。見事な道だ。清正公の道造り、国造りが良くあらわれている。

天明三（一七八三）年、ここを通った古河古松軒は書いている。

「熊本より大津まで五里、この道は平地にして街道の広き三〇間ばかり。左右に土手あり、並木みなみな大樹にて、杉、もみ、その他雑樹も多し。言い伝える。清正朝臣奉行してこの道つくりけるという。その時より道も狭くせず、並木も切らずしてその侭の形なり。日本第一といいはん、ひろひろとせし街道なり。太守の参勤交代この道筋より豊後の鶴崎への往来あり」

また、慶応三（一八六七）年に来熊した桃節山も書いている。

「熊本より大津迄始終平地にして、少しづつつまあがりの様に見えたり。清正公の開かれし由。路幅五、六間位にて、左右に大なる杉を植え並べたり」

明治になって県道へと生まれ変わり、さらに国道となる。また大正元（一九一二）年、宮地軽便鉄道線が出来て、旧街道内に鉄道線路を敷設し、三年後に大津まで開通させた。それが今も続く豊肥線だ。鉄道と国

⑬

すっかり変わってしまった三里木跡

⑭

頼山陽碑「欠処時々見阿蘇」と阿蘇の山なみが見え始める

道、それに杉並木道と、清正公の遺産は今も立派に生きている。

その偉業を踏みしめて歩く。大木の杉並木も残って、木陰をつくり出し、歩くものには何よりのプレゼント。昔の人もそうだったのだなと、街道を楽しみながら歩いていたら、ＪＲ三里木駅に着いた（写真⑬）。

モダンな駅舎に建て替わっている。それもその筈、周辺はい い住宅街となっている。かつてはひなびた駅と、一面黒っぽい火山灰の畑が広がるところだったが、変われば変わるもんだと、つぶやきながら歩いていると、頼山陽碑を見つけた（写真⑭）。

頼山陽碑

大道平々砥不如
熊城東去総青蕪
老杉夾路無他樹
欠処時々見阿蘇

大きな道が平らに磨いているようで、熊本城を東に去ると総て青い地である。老杉が路を挟んでいて他に樹が無く、その間から時々阿蘇山が見える――と、解釈するか。

文政元（一八一八）年、長崎からの帰路、竹田行きの途中に詠

んだ詩である。さすが当代第一の詩人だ。天草へ渡海したとき、西海の海を詠んだ

　雲耶山耶呉耶越耶／水天髣髴青一髪／万里泊天草洋…

の名詩と、双璧を成すといってよい。

　この道を伊能忠敬一行は測量して通った。文化七（一八一〇）年のことである。

「十二月十四日城下出立、飽田郡立田口より初、坪井村、下立田口村（枝宇留毛、枝陣内）、上立田口村枝弓削、字杉山、字大久保（二里四町三七間三尺）、合志郡上津久礼村字上原（人家二軒）、同字下原、上津久礼村字新町（人家九〇軒）、柳水村、入道村枝南方、桜馬場、塔ノ迫村（人家八軒）、町村（枝若竹）、大津村（内）、大津町止宿前迄測（二里十五町五間）」

⑮

広い旧街道にはJR線・旧国道・杉並木道が並行する

『伊能測量日記』にもそう書かれている。もちろんその距離数は正確であり、出来た地図を見ても、このあたりの街道は定規で線を引いたように一直線となっている。今でもその跡をたどることが出来る（写真⑮）。いや、いやまさに私はその跡をたどって鶴崎まで行っているのだ。また歩く楽しみが増えたぞ。

日本の道百選

旧建設省（現・国土交通省）「日本の道百選」の石碑がある（写真⑯）。なるほどそれに選ばれただけの価値がある。豊後街道歩きのお勧めの場の一つである。

　また勝海舟の日記より引用して書く。

「大津宿より熊城までは少低の路、左右大杉の並樹、この中、桜の大樹十四、五丁の並樹あり」

海舟と、そのお供をしていた坂本龍馬も見た杉並木がまだ残っている。この下を長崎へと急いだのだな。

「おい龍馬、どうだこの杉並木は。清正公の偉業は」

しかし龍馬はその記録を残していないので、何にも答えてくれない。

⑯ 日本の道百選に選ばれている大津街道杉並木

原水駅手前の新町を通る。ここでは人家を避けて、鉄道が街道と離れたところを通っている。ずっと街道内に国道と鉄道が平走していたのに、このあたりだけ変わっているのはなぜだ。

それは寛永十六（一六三九）年にさかのぼる。細川忠利藩主がここに農民を移住させて新しく村造りを始めた。それで街道筋に人家が建ち、新町と呼んだ。伊能測量日記の中にも、

「上津久礼村字新町（人家九〇軒）」とある。

大正初年（一九一二年頃）の鉄道敷設時にはその集落を避けて通したので離れたというわけだ。

その駅を通り過ぎたところに四里木跡がある。後、一里足らずで大津宿だ。大津は肥後藩主参勤時の最初の宿泊地であった。

（街道歩き第一回はここまで）

二　大津から内牧まで

〔内牧宿泊〕

街道歩き第二回：大津〜的石（一六キロ）
街道歩き第三回：的石〜内牧〜宮地（一六キロ）

大津宿

肥後藩主の参勤交代時にはここ大津宿で一泊していた。二泊目は内牧宿で、三泊目は久住宿、四泊目は野津原宿で、五泊目が鶴崎御茶屋で、そして御座船乗船となっていた。つまり豊後街道三一里を四泊五日の旅であった。出発と到着時は一日に五里と少なめの旅程だったが、その間は七、八里とスピードアップ。私のとても歩けない速さであった。

しかし急ぐ旅人はもっとすごい。長崎へ急行した吉田松陰は三泊四日で歩き通している。坂梨から熊本まで一三里を一日で踏破しているから、何と私の三日分を一日ですませている。

まあ、急ぐ旅でもないし、あちこちをぶらり見物の旅だから、のんびりと行こう。とりあえず、今日の目的地は的石御茶屋跡までとしよう。その距離四里、途中には阿蘇外輪山越えの二重《ふたえ》峠もあるし、楽しみだ。出発したら、雨が降り出す。傘をさしての街道歩きとなった。まあ、長い道中にはこんなこともあろう。雨中の歩行も乙なものである。幸い小雨で良かった。

大津堀川

豊肥線をまたいで街道は鉄道と別れて大津へ入る。したがって道幅も狭まり、大津町内へと進む。ここで旧国道とも別れ町裏へ進む。とうとうと音を立てて清水が流れる川筋へと出た。堀川、上井手である。いうまでもなく、農業用水として開削されたものである。阿蘇白川の水を瀬田で取り入れ、延々六里（二四キロ）、熊本の坪井川まで運んだ。その結果、阿蘇西山麓の水田、一三〇〇町歩を潤した。加藤清正時代に始まり、細川藩主に引き継がれて完成した。

（37頁に周辺図）

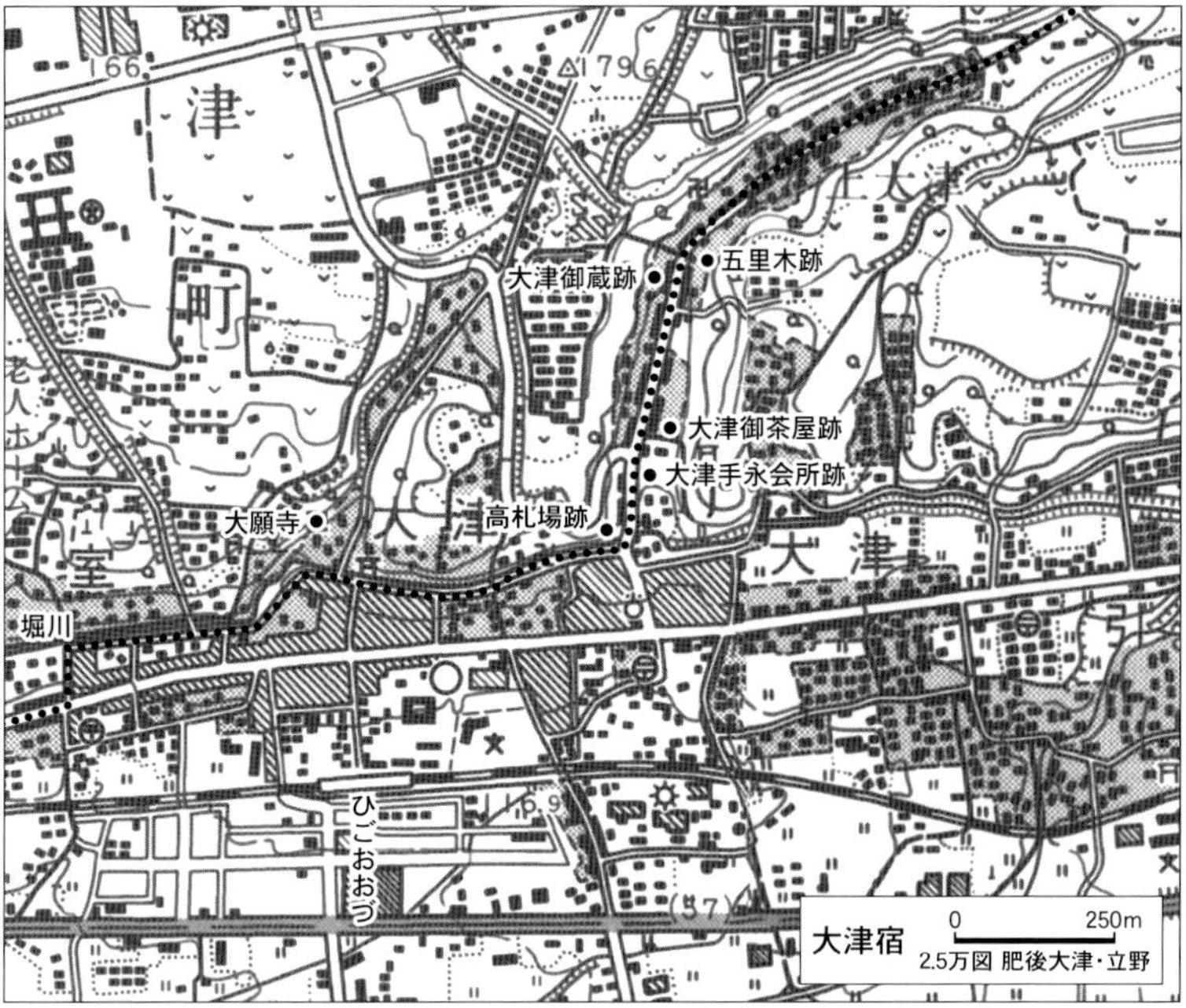

大津宿
2.5万図 肥後大津・立野

「この辺阿蘇川を引いて用水としたる水あり。……建石あり、清正公水利の為に湊屋重助に命じて、阿蘇川を分けて引かしめ、石の柱六本立てられる由を仮名書きにて刻みつけたり」（『西遊日記』）

阿蘇山参拝のためにここを通った桃節山は、この水利に注目して旅日記に書いている。節山は松江藩校教授で、幕末肥後藩へ招かれた人物である。その記録は当時の世相を知る良い史料となっている。

この堀川築造時の排土で築かれたのが塘町。ここは街道に面していたから、旅籠《はたご》や多くの店が軒を並べていた。また名物の銅塘糖（落雁）屋もあった。大津宿の中心となっていたのである。

また節山の道中記を見る。

「（十一月朔）大津へ着、伊勢屋庄太郎方に宿す。この家も郷士の由、伊勢屋は仮名なるべし。大津は大分大宿なり、家数は千軒辻もあるよし」

川向こうの寺への参道には石橋が架けられている。見事な眼鏡橋である。こんな橋が今でも四橋残っている。古くは安永年間（一七七二〜一七八一）から文化文政期（一八〇〇

⑰
大願寺の見事な山門

四～一八三〇）に造られたもので、もう二〇〇年以上も利用されているのだ。

そのひとつを渡って大願寺へ行く。見事な山門を潜る。そこには西南戦争時の弾痕の跡が残っているというが、雨中で良く分からなかった（写真⑰）。上の円通庵には、芭蕉塚がある。芭蕉百回忌に建立されたもの。

「鳶のいる花の賤やとよあかさむ」

御高札場跡、大津手永会所跡、御茶屋跡、木戸口跡など旧大津宿の中枢部を通る。道幅は五、六メートルと、当時そのままだ。

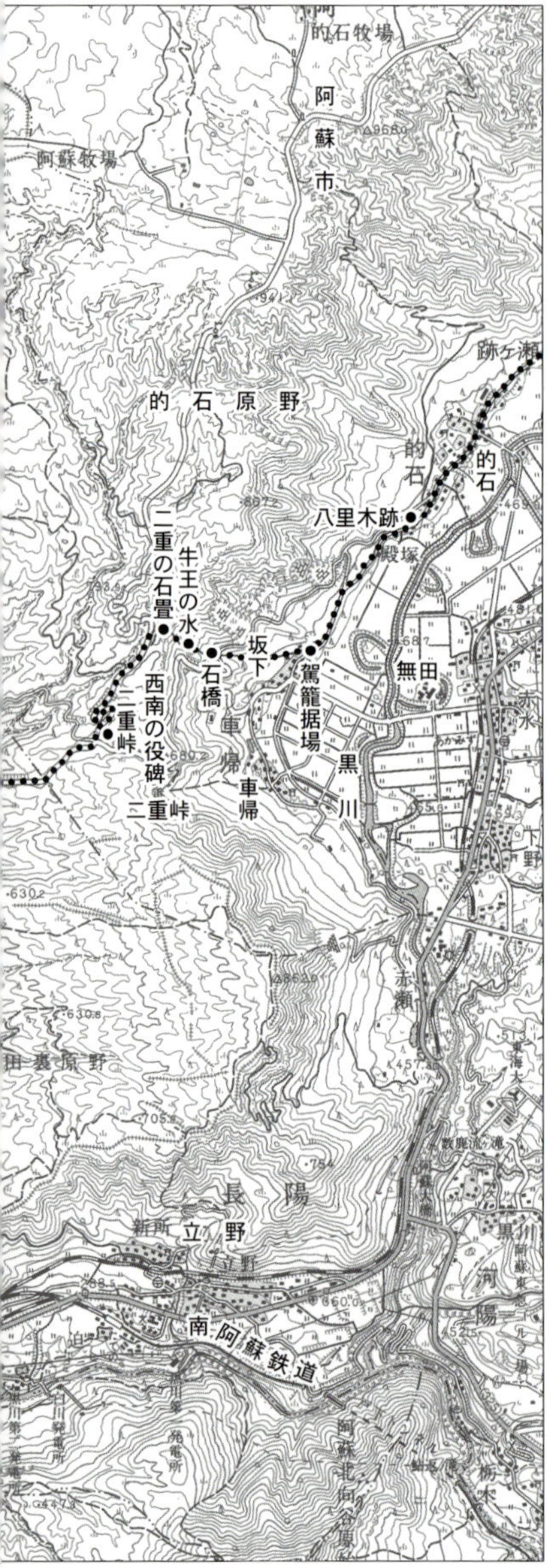

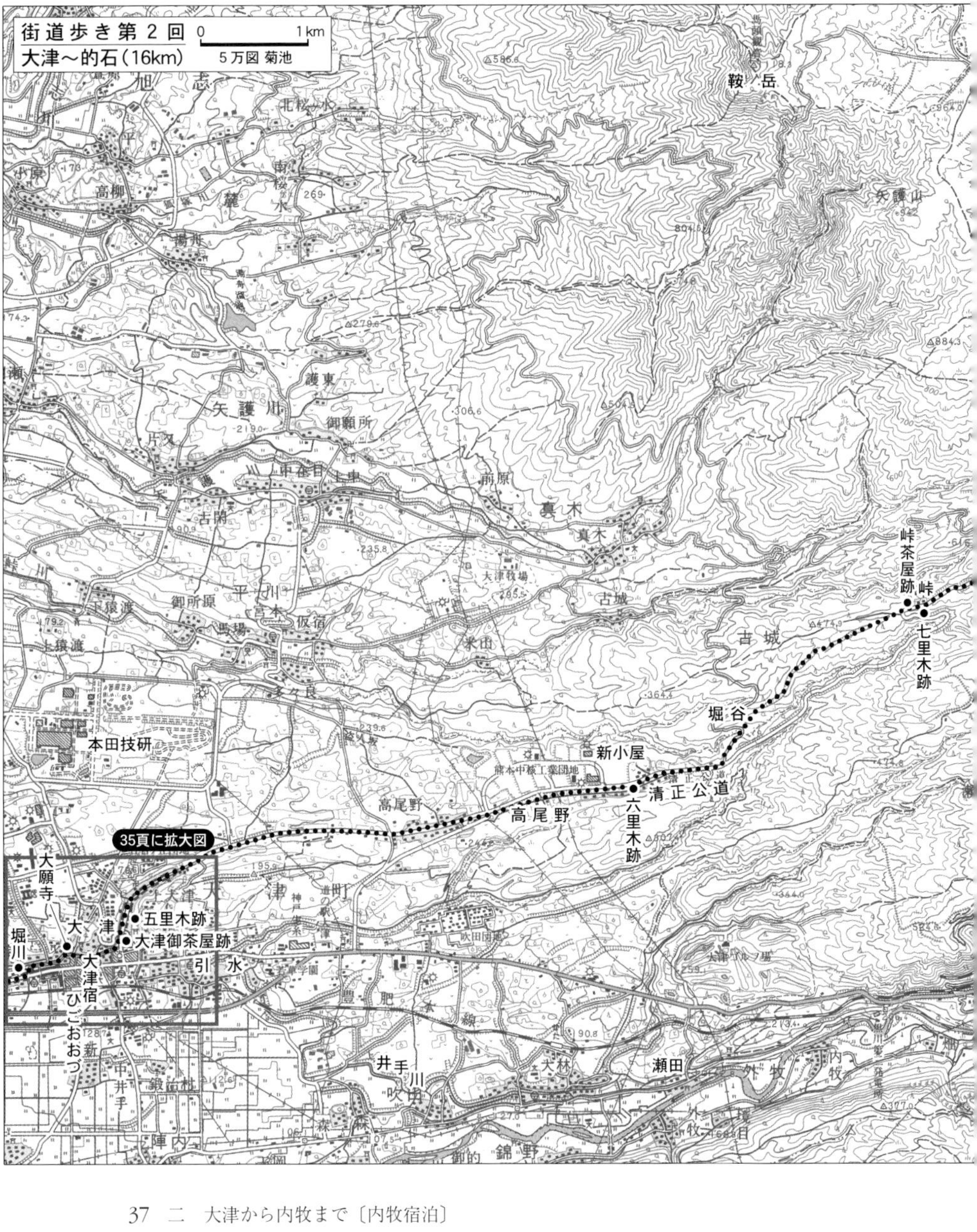
街道歩き第２回
大津〜的石（16km）
0
1km
5万図 菊池
鞍岳
矢護山
峠茶屋跡
峠
七里木跡
堀谷
新小屋
清正公道
六里木跡
高尾野
35頁に拡大図
大願寺
五里木跡
大津
大津御茶屋跡
堀川
大津宿
ひごおおづ
引水
本田技研
矢護川
真木
古城
平川
豊肥本線
井手川
瀬田
内牧
外牧
御的
錦野
陣内

御茶屋跡

高札場は諸法度や御触書などを掲示した場所。年一回の踏絵が行われたところでもある。この隣に地蔵尊が祭られているが、天明に飢饉で死亡した子どもの霊を弔い、この地蔵堂を建てたという。天明の大飢饉は全国に被害を及ぼしたが、ここも悲劇に襲われたのか（写真⑱）。

手永会所とは、手永、つまり大津周辺五二町村を統治する役所で、明治期の郡役所にあたる所である。その役所が日吉神社鳥居南側にあって、広さ三〇〇〇坪。屋敷内には評定所、学問所、演武所などがあった。

伊能忠敬は文化九（一八一二）年十二月十四日ここに宿泊、翌日また測量のために豊後街道を進んだ。

御茶屋とは藩主の宿泊所で、つまり御本陣。敷地一八〇〇坪に主屋一七四坪、別棟七五坪、部屋数二九もあって威容を誇っていた。肥後藩の公的な旅館であるから、参勤のたびに歴代藩主が宿泊している。勝海舟、坂本龍馬たち一行は御公儀の用向きであったから、藩の公的宿所で昼食をとったのである。

⑱

大津を見守る地蔵尊と高札場跡

日吉神社社司日記（元治元・一八六四年二月二十日）に「公儀役人衆通行、当所昼にて熊本の様参られ候、（中略）総人数五十人の由、重き取扱に御座候。御茶屋会所御客屋に入り候」とある。

この地に海舟や龍馬は立った。そして賓客としておもてなしを受けたのだな。どんなご馳走であったろうか。

大津は、その昔戦国時代に合志氏の一族、大津十郎義廉が東嶽（今の日吉神社）に舞鶴城を築いた時から始まる。街道の要地として、大津という地名が伝わる。そ

⑲

加藤清正の戦略・堀切り道

⑳

清正公道は今では道路公園

れが江戸時代、参勤交代の宿場町となり、さらに堀川による新田開発が進んで肥後三大御蔵のひとつの地となった。このように大津は、阿蘇入口にある政治、経済の中心地として栄えていた。

簞戸口は宿場の臨時関所である。藩主の参勤など通行の前後に、道の左右に竹製の二間扉を立てて、通行者を監視していた。宿場町の出入口に置かれ、藩士が目を光らす。

町外れに五里木跡がある。草むらの中に、それを示す石碑だけがぽつんと立っている。熊本から二〇キロ地点だ。このあたりから広い畑の中を街道は進む。その中にホンダ技研の大きな工場が建っている。周りには団地や住宅地も開かれて、大津の町が更に発展している。

清正公道

街道は阿蘇へ向かって真っ直ぐ進む。旧国道五七号線と別れて、通る車も少なくなったようだ。

明治になって、豊後街道がすたれていく。なにしろ阿蘇外輪山を乗り越えなければならなかったので、車時代には向かない。明治十七（一八八四）年、この二重峠道に替わり、下の道である大津・立野・阿蘇県道が開通した。これが現在の国道五七号線で、九州横断の幹線となる。しかし今では、豊後街道は県道として整備され、ミルク・ロードと称している。国道のバイパスとして、また農業道路となって活用されている。

外輪山へ向かってだんだん登り坂となる。大津の町が標高一〇〇メートルで、峠鞍部が六四五メートルだから、一〇キロかけて五五〇メートルの峠越えとなる。

高尾野を通る。旧街道が良く残されていて、堀切り道となっている（写真⑲）。

桃節山の道中記に、その記事がある。

「（二重）坂の下より半里計り下りて堀ガ谷という所あり。ここより自然につまさがりにて先は平地なり。この所より熊本迄の間、左右に大杉を植え並べ、大いなるは四周十二尺より三周余りあり。道は切り下げたるものにて、左右の堤高き所に至っては一丈余りあり。切り下げし道に水さがり悪きを計りしものと見え、道の中高く、左右に溝を掘りたり。皆、清正公の時出来し由なり」

全くその通りの道がしばらく続く。今、その道の中には芝を植えて公園化して、上から眺められるようになっている。この堀切り道は、いざ戦という時には、下を通る敵兵を上から一斉に撃ちかけることも出来るようにと造られた。清正公の戦略によるものか。

工業団地前に清正公道公園がある（写真⑳）。広い街道の半分を利用して、ロードパークとしている。もちろん半分は自動車用の道、ミルク・ロードである。

手にしている二万五千分の一地形図にも、この辺りに「清正公道」との地名がある。

加藤清正が初めて肥後に入国した時、この道を通った。それ以来、参勤の道として杉の大樹を植えるなどして整備した。それで清正公様の造った道と呼ぶ様になったようだ。

清正公道とはどこを指すのか。いろんな解釈があってよくわからない。豊後街道全体をいったり、熊本と二重峠間を指したり、地図のようにこの辺一帯、つまり大津・堀ガ谷間としたり、まちまちである。

㉒（下）㉑（右）

二重《ふたえ》峠の茶屋跡

六里木は今でも残っていた

六里木跡

新小屋という所に六里木跡があった（写真㉑）。このあたりの土地の記念碑に合わせてその由来を刻んでいる。それを眺めていたら、老婦人がこられて、六里木のある場所へ案内していただく。

Iさん宅の庭の一角にその木は残っていた。タブの大木で、回りにある樫などの木々より抜きんでて高々と聳え立っていた。数百年もの間、街道の移り変わりを見てきた大木である。

ロードパークが終わる所に記念碑があった。説明板があって「人馬水呑場」とある。

文化八（一八一一）年に惣庄屋斉藤形右衛門が、東一キロ先から水道を引き、堀ガ谷と高尾野に水舟（水槽）を置いて旅人と馬の水呑場を作ったと書かれている。さらに水道は大津まで八キロ延長されて、今でも新小屋や高尾野地区ではその恩恵を受けているそうだ。

では、惣庄屋さんに感謝して水をご馳走させてもらおう。「うまい！もう一杯」

堀ガ谷で自動車道と別れて山道へと入る。いよいよ阿蘇西外輪山越えである。その入口に瓦葺き屋根の案内板があり、それを頼りに進む。かなり坂道となった。しとしとと雨が降る。雨中の坂道はつらい。同行の皆も話

㉓

広い阿蘇草原、ここは大陸のようだ

㉔

二重峠をめぐる戦闘があった——西南之役戦碑

すこともなく、ひたすら歩く。

小一時間歩いたろうか、再び自動車道へと出た。ここは「峠」と地図にも記載されているところ。かつて峠茶屋があったが、今では無人の家が一軒あるだけ（写真㉒）。その前を自動車がビュンビュン走り去る。阿蘇・九重間の観光ルートになっているから車も多い。その脇を身を潜めて歩く。昔は山道には追いはぎが出て、身の危険があったが、現在では自動車ほど恐いものはない。道端を小さくなって歩く。

二重峠

七里木跡があった。林の中に木柱だけが立っている。またそこから山道となり、ほっとする。車の洪水から解放されて、薄ぐらい木立の中をのんびりと歩く。と、視界が明るくなった。幸い雨もあがった。また自動車道となったが、周りは一面草原である。阿蘇外輪山頂に出た。

「おーっ、ここは大陸だ」

Hさんはうなる。

三六〇度、草原が広がる。一面、緑のじゅうたんを敷いたようだ（写真㉓）。二重峠の頂上だ。海と山しかない島原に住む者にとっては、ここは大陸だ。九州にこんな大草原があったとは、と改めて阿蘇の雄大さに目を奪われる。

西の外輪山の地点に目をつけて、街道を開いたわけが良く分かる。ここから北へ小国道が通り、肥後北部へも往来できる。小国地方の農民は、この道を利用して大津まで年貢米を運んでいた。東へ進めば阿蘇谷で、今も昔も阿蘇の交差点である。それで古代からこの道は存在していたようだ。

二重の名の起こりは、阿蘇国造りに由来する。健磐龍命《たけいわたつのみこと》が阿蘇原の水溜まりを排水するために、ここを蹴り破ろうとしたが失敗したそうだ。良く調べると、山が二重にあったそうで、それでこう呼ぶようになったとか。

実際に歩いてみると、この峠の頂上とさらに進んだ所にも高まりがあって、二つの峠があるから、そういったのだろう。

頂上には大駐車場があって、大きな案内板が立っていて、車のお休み処だ。大きな石碑があって、二重峠西南之役戦跡と刻まれている（写真㉔）。こんな山頂でも戦いがあったのか。

明治十（一八七七）年、薩摩軍四〇〇余人はここと坂の下（阿蘇谷）黒川口に砲台を築いて豊後街道筋を防衛した。三月十三日、警視隊五〇〇は地元士族有志の応援を得て一斉に攻撃した。しかし官軍は三四人の死者を出して敗退する。内牧、坂梨を経て大分県側へと敗走した。再度、官軍は七〇〇に増強して四月二十日総攻撃する。今度は薩軍を大津方面へ追い払うことに成功する。これがここでの戦闘の様子だ。

広いこの草原上で両軍が戦ったとは、これまた大陸的。その喚声が聞こえてくるようだ。豊後街道は人と物と文化を運ぶ道であったが、戦争の道でもあったんだな。歩いていると、その戦跡があちこちに散らばっている。

㉕

二重峠の石畳道に足どりも軽くなる

二重の石畳

阿蘇高原を歩く。雨は明けるが、どんよりした雲のために、阿蘇五岳が見えないのが実に残念である。草原の中に、旧街道が細い道となって残されてはいるが、牧草地に変わり、鉄線で囲まれているので通行不能。仕方なしに自動車道を歩くと、参勤交代の道（石畳道）の看板が目につく。立ち寄ったら、駐車場も造られていて車のお休み処になっている。街道が、この端から整備されて阿蘇谷まで石畳の道となって続いている。

標高差二二五メートルを一六〇〇メートルかけて一気に外輪山を下るので、坂道には石を敷き詰めて、歩行の便を図った。五〇センチ四方くらいの石を幅二間（約四メートル）に並べ、隙間には芝を植えている。それが延々と一・六キロも続く（写真㉕）。だから石の数は何万個になろうか。

昔の苦労が偲ばれる。その苦労を噛みしめながら、一歩一歩下る。雨明かりでやっと阿蘇谷が見え出したが、せっかくの景色も今一つ。もう一度天気の良い日に歩きたい道のりである。この石畳の道も街道歩きのお勧めの場所だ。

明治の初年、新しく県道を通した時に、この道は見捨てられてしまった。長い間通る人もなく放置されていたが、それがこうして整備されて歴史の道として復活したのである。ありがたいことだ。

峠越え

苦労して峠越えをした人の記録を紹介しよう。

㉖

峠越えで見かけた乙護法様

海舟は「二重の峠あり。甚だ高く、峠の道十八、九町、最難所、路、山の脚、殆ど頂上をめぐる」と、述べている。阿蘇谷側より登ったのできつかったろう。なにせ二〇〇㍍を一気に登らねばならない。この時、海舟四二歳で同行の龍馬は三〇歳であった。

桃節山は「坂上に登りて阿蘇郡を見渡し候えば四方に山を以て屏風を立てる如く包み回し、一郡全くくぼみて如何にも古昔は湖水にてもあるべき平をその地勢よく見るなり。……坂の下より七合計り登りて峠なり」と記している。

勝海舟や桃節山が見たままの風景を、本当に今も目にすることが出来るのである。阿蘇の自然は時空を超えて大きく存在する。

何度も繰り返して書くが、豊後街道は肥後藩主の大切な参勤の道で、肥後藩内のメインストリートであった。それで大事に道は保持されていた。特に阿蘇外輪山越えは、その急坂でおまけに土質がもろい火山灰地であったから、その管理が大変だった。その道普請には農民があたったことはいうまでもない。

その苦労を物語る遺物がある。「岩坂村つくり」と刻まれた一㍍余りの石が斜面に横たわっている。説明板があって、道普請に駆り出された農民が夫役の合間に自分たちの村名を刻みつけたものであろう、と書いてある。岩坂村は大津町の川向こうの村だから、ここから三里もあり、そんな遠い所からも夫役に駆り出されていたのである。まだこの周りにはいくつもの石が転がっている。

さらに下った所に、牛王の水という清水が湧き出ている所がある。阿蘇外輪山上には水が無いので、この水は旅人にとっては命の水であったろう。ここで休憩してのどを潤して峠を越えていったろう。それで、霊地として乙護法を祭り道中の安全を祈ったようである（写真㉖）。乙護法とは仏法守護の神で、童子の姿で行者に仕えて霊地を守る。それで護法童子ともいわれる。ここでも旅人は手を合せ、一休みして元気をつけて峠越えしていたことだろう。

今も二体の石仏があって、それには「坂下の和七」や「熊本紺屋町の大坂屋」などと刻まれている。はるか遠い熊本の商人が商用で往来した時、地蔵尊をつくり寄進したのだろう。旅の苦労を物語っている。

坂下駕籠据場

採石場への取りつけ道を横切ってさらに下る。今まで草原地帯だったのが森林へと変わり、坂下りが終わったようだ。

石畳も変わっている。石畳に水切がある。左手山手からの雨水を右下へ流す排水溝で、石畳を保護する工夫である。道の敷石を低くして、石畳に斜めの溝を刻み、水を早く流そうとするものだ。これまた肥後藩の高い土木技術を教えてくれる。

さらに下ると、桧の大木があって、「阿蘇町天然記念物・参勤交代の桧」という木柱が立っている。この大木はここに数百年立っていて、ずっと参勤を見届けて来たのだ。歴史の証人である。その話を聞けるものなら是非聞いてみたいものだ。

幅が一㍍足らずの石橋がある。四、五個の石板を並べて橋としている。川幅が狭いところではこれで十分。これまた街道を守る工夫がなされている。

やっと下り切ったようだ。林の中に、坂下御茶屋跡があり、駕籠据場が復元されている（写真㉗）。藩主を運んだ駕籠舁き人夫もここで交代した。大津手永組から梨坂手永組へ引き継ぐ。

広い広い阿蘇谷を歩く。見とれて足並みも遅れがち

㉘（左）㉗（下）

ここで駕籠舁《かき》人夫も交代、坂下駕籠据場

「ご苦労であった」と道中奉行の声が聞こえるようだ。峠越えの皆さんご苦労さん。

（街道歩き第二回はここまで）

阿蘇谷を歩く

「阿蘇」という名は、後で訪れる阿蘇神社に関わる。行幸の天皇が、人家一つないこの広い原野に立って、「この国に人はいるのか」と尋ねた。土地の神、阿蘇都彦と阿蘇都媛が「我ら二人がいます。何ぞ人がいないことがありましょう」と答えた。この「何ぞ」が「阿蘇」というようになったそうだ。

その広い広い阿蘇谷盆地を行く。田植えも終わり一面青々とした稲で覆われている。この風景は何百年も変わらない、阿蘇の、日本の原風景だ（写真㉘）。しかし外輪山を見ると、茶色く岩石がむき出しになっている所がある。二重の石畳の石を取り出した所は、今では大がかりな採石場になっていて、山肌を剝ぎ取っているのだ。

阿蘇は広い。江戸時代でも旅人が驚嘆している。

「阿蘇郡にて今、二万八千石の地といへども東西凡十里、広大なりといえども、山野ばかりにて、土人の物語には開田せば阿蘇郡に十余万石も出来るべき平地あり」（『西遊雑記』）

このように古河古松軒は二二〇年前に書いている。土地の人が予言した通り、現在は開発が進み、八万人が暮らしている。米だけでなく畜産など、熊本の大農業地域になっている。

街道は阿蘇谷北部をほぼ半周して、再び東外輪山を越して阿蘇を去る。その間ずっと阿蘇五岳を眺めながらの歩きだ。その美景に、参勤の駕籠も遅れがちだったそうだ。

殿塚に八里木跡がある。大きな杉の下にその標示板が立っている。これらの里木は今も歩きの良い目安となる。今日の目的地、阿蘇神社まであと四里か。

㉙

何とも不思議なめぐすり石

めぐすり石がある。蔦に覆われている大石は年中水がかれることがないという、何とも不思議な石である（写真㉙）。いつの頃からか眼病の人が詣でるようになって、この水で目を浸して薬にしていたとか。では私も、この水いただきます。

近くの人家に殉難碑が立っていて、花と水が供えられている。ここの人、山内抑八が西南戦争時に死亡したので、供養しているものである。豊後街道は平和な旅人の道であったが、時代によっては戦さ道にもなっている。合掌。

的石御茶屋跡

的石には御茶屋が残っている。藩主が昼食をとっていた、その家・屋敷が残っている（写真㉚）。屋根が葺き替えられているだけで、間取りはそのまま、一段と高くなった殿様御成の間もあるそうだ。阿蘇の山々から湧き出る水をうまい具合に使った池と庭園は、それはそれは見事なものだ。

㉚

唯一残る御茶屋、的石御茶屋跡

㉛

隼鷹天満宮は阿蘇湧水の中

この泉水で、二月二十日勝海舟たちも一休みした。

「的石村あり。ここに領主小休の亭あり。素質、底に山泉一面流る。北に北山あり、南に阿蘇あり。阿蘇の脚甚だ広く、田野あり」

代々小糸家が勤め、今も一三代ご当主が守っていらっしゃる。昔の面影を残す御茶屋はもうここだけしか残っていない。貴重な文化財で、歴史の証人でもある。大切にしたい。

ここに立っていると、その辺りからお殿様が出てきそう。江戸の昔に引き戻された気分になり、ちょっと贅沢な気分になれる。しばしぼんやりとたたずむ。

御茶屋の水源をたどると、神社にたどり着いた。隼鷹天満宮である（写真㉛）。清水がこんこんと湧き出ている。阿蘇の外輪山からの伏流水で、阿蘇に降った雨水が長年かけて湧き出たものである。阿蘇谷にはこのような名水が多く見られる。

隼と鷹を名に持つこの神社の由来は、藩主の参勤に関わる。

細川綱利三代藩主が参勤の途中、海上で天候が悪化した。御座船が波に呑まれそうになった時、一羽の白鷹が飛んで来て帆柱に止った。すると嵐もおさまり、無事航海も終わり上陸できた。綱利藩主はその夜、霊鷹は的石天満宮の化身であるとの夢を見、その霊験あらたかなることを感じて、社殿建立を命じた。歴代藩主ゆかりの神社で、藩主奉納の絵馬や神殿の額

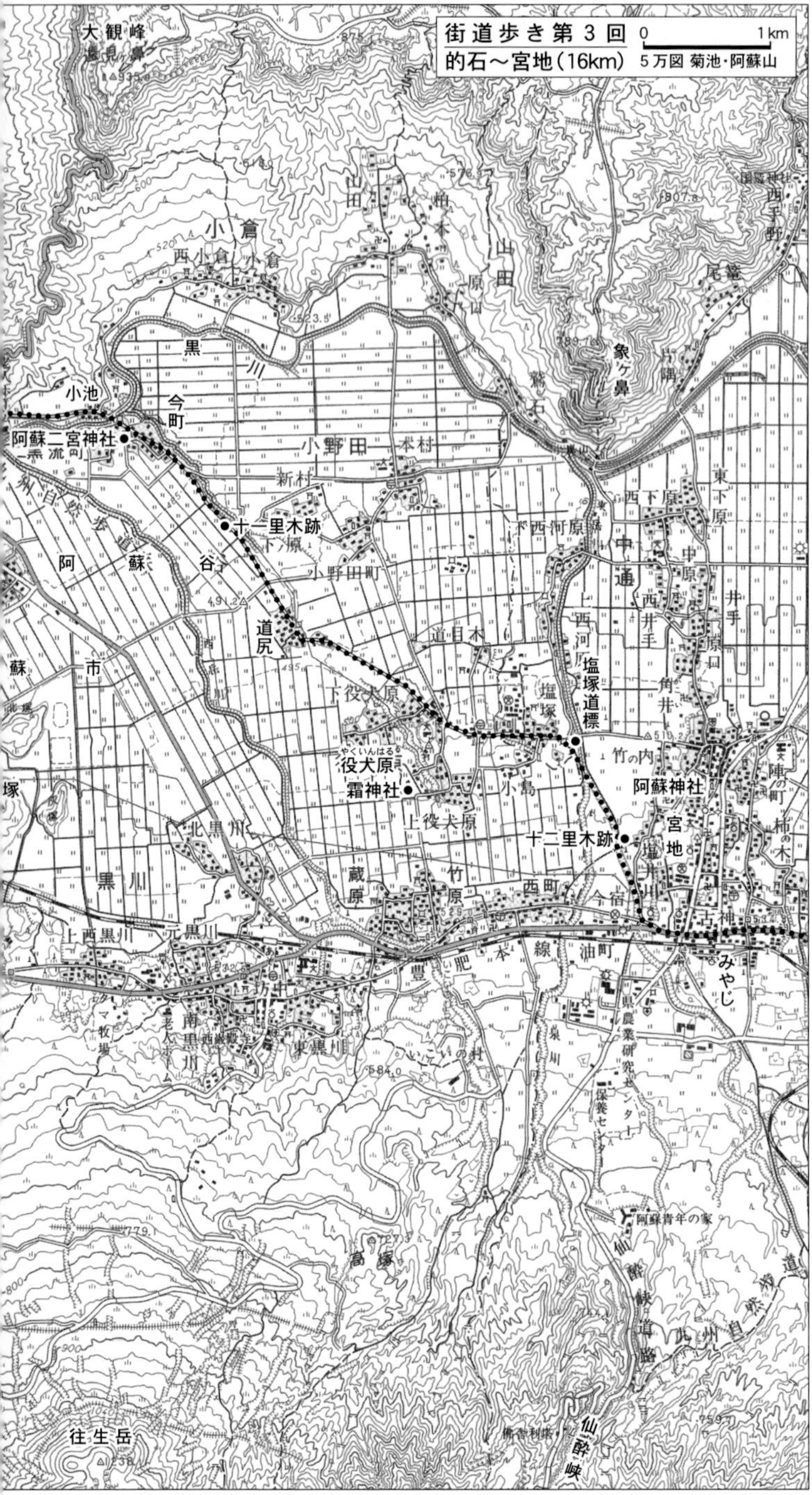

街道歩き第３回
的石～宮地（16km）
0　1km
5万図 菊池・阿蘇山
大観峰
遠見鼻
小倉
西小倉
山田
尾篭
象ヶ鼻
黒川
小池
今町
阿蘇二宮神社
小野田
本村
新村
十一里木跡
下ノ原
谷
小野田町
道尻
阿蘇
市
下役犬原
役犬原《やくいんはる》
霜神社
西下原
東下原
中通
中原
西井手
井手
西河原
塩塚道標
塩塚
原口
角井
竹の内
阿蘇神社
陣の町
宮地
柿の木
十二里木跡
小島
上役犬原
北黒川
黒川
蔵原
竹原
西町
今宿
古神
上西黒川
元黒川
坊中
豊肥本線
油町
みやじ
南黒川
東黒川
県農業研究センター
保養センター
阿蘇青年の家
高塚
仙酔峡道路
九州自然歩道
往生岳
仙酔峡

九州自然歩道
畜産試験場阿蘇支場
西湯浦
湯浦
南宮原
西小園
塘下温泉
加藤神社
59頁に拡大図
阿蘇内牧温泉
小里
内牧御茶屋跡
内牧宿
十里木跡
内牧
駄原
新井手川
浜川
三久保
成川
山崎
千丁
オダテ山
狩尾牧場
阿蘇
的石牧場
市
五高道場跡
上小屋
小野
狩尾
広瀬
甲賀
下原
葦原
中水
産神社
産ノ小屋
九里木跡
一里山
下田代
日森
乙姫
市原
的石前
石ノ前
跡ケ瀬
尾崎
永草
新道
下谷
賀田
隼鷹天満宮
的石
的石御茶屋跡
殿塚
市川
岩倉
的石市川
赤水
阿蘇プリンスホテルゴルフ場
阿蘇ゴルフ場
無田
黒川
下野
蛇ノ尾
米塚

㉜

的石。ここに阿蘇の神々の話がある

などが見られる。

巨木に囲まれた境内は静かである。歌碑がある。

「隼鷹の宮居の神はやぶ中の石のかけにておはしけるかも」

阿蘇が生んだ歌人、宗不旱の作。昭和十四年にこの地を訪れて詠んだもの。各地に彼の歌碑があちこちあり、「阿蘇の歌人」として、土地の人たちに大切にされている。

大きな槙の木がある。樹周三・一㍍、樹高約三五㍍、樹齢約三〇〇年といわれる巨木である。神社建立の綱利藩主お手植えの木といわれている。

的石

的石の名の起こりとなった大石がある。それで地名も「石の前」である。街道左手へ石段を上がった所に、その大石は鎮座していた（写真㉜）。前に広場があって、山腹に大石が現れていてしめ縄が巻いてある。

阿蘇伝説の一つがこの石にまつわる話である。

阿蘇を開いた神・健磐龍命は阿蘇往生岳に登っては、そこからこの外輪山中腹にあるこの石めがけて弓を射る稽古をしていた。お供の鬼八法師はその度ごとに矢を拾っては往生岳へ帰り、何度となく往復していた。鬼八は足が速かったが、九九回も繰り替えして走ったら疲れ果てて、一〇〇本目の矢を足でけり返した。するとミコトは怒った。鬼八は逃げる。ミコトは五ヶ瀬川まで追いつめて、鬼八の首をはねてしまった。この時に的となったのがこの大石である。それで「的石」というようになったそうだ。

この後の話もまだあるが、後にしよう。

㉝ 産神社。ここにも阿蘇の清水が湧いている

㉞ 九里木まで来た。ペースもスローダウン

産神社

外輪山麓を歩いているが、ずっと湧水点が続く。それを利用する集落が発達している。その一つが産小屋で、水の湧き出す所に神が祭られている。トヨタマヒメを祭る産神社で、昔から産婦の乳もらいの神といわれた。周囲四㍍の大杉が木陰をつくっている。ひと休みだ。

参道の橋が新しくなっている（写真㉝）。以前は一〇㍍の眼鏡橋があったようだが、今ではコンクリート橋に生まれ変わり、その石材が野積みされたまま残っている。復元はできないのか。

冷水を飲んで汗を拭いていると、境内のゲートボール場が賑やかだ。地区の大会とみえて、多くの人が集まっている。呼ばれて行くと、昼食中のチームがあって、ソーメンやマンジュウ、焼酎をご馳走になり、だべる。肥後のおばあちゃんたちは元気が良い。しかし、焼酎のお接待には参った。まだ道中は長いので、酔っては歩けないから、心を鬼にしてお別れする。

このように歩いていると、祭りに出会ったり、集まりに呼ばれたりとその土地の人たちとの出会いと交歓が楽しい。

九里木

両肥（肥前・肥後）交歓会で口にした球磨焼酎がきき出した。少しポッ

㉟

五高阿蘇道場跡。今では大学研修所

ポしながら歩いていると、九里木跡に着いた（写真㉞）。小高い丘が残り、一里山という塚だ。地図上にも一里山とあり、このように呼ぶのはここが内牧から一里の所にあるからだ。なるほど、逆ルートの熊本行きならそういうのかと変に納得。

豊後街道には一里ごとに里程木があるので、それをたどっていく楽しみがある。その間一里、つまり四キロを一時間という目安で歩くというペースメーカーの役割もある。しかしそのペースもダウンして、一時間以上かかると、そろそろ本日の歩行も終了だと足が教えてくれる。清正公さんはいい道造りをしてくださった。

五高道場跡

この一帯は黒川流域で、見事な水田地帯である。しかし昔は「無田《むた》」といって、大湿地地帯であった。ここを旅した桃節山は、書いている。

「内牧より少し行きて右の方に路傍に千町無田というあり。無田は肥後辺にて田に成らざる沼の如き所をいうなり。この所にくぐ茅生し、茅の中にまむし蛇多くいる。鶴はそのまむしを食してここに巣くう由、今三羽見ゆ」

街道はその湿地を避けて山手へ通している。その旧道が一里山の先に復元されている。土道で、石畳もある。杉の植林の中を通る。車も通らない道だから、静かで、歩きやすい。

亀石がぽつんと置かれている。なるほど亀の形をしていて、ちゃんと頭と甲羅がある。ちょうど腰を下ろして休むにはいい場所だ。

次に観音さんがいらっしゃる。大石に波模様を彫り込んだ石塔が立っている。地蔵祠もあり、たくさんの供え物がある。長く忘れられていた道だから、良く昔のものが残っている。うれしいね。

五高道場跡と大きな石碑が立っている（写真㉟）。つまり現在の熊本大学研修所がこの道下にある。一万坪の広さに一〇〇〇坪の学生合宿場が、昭和十五（一九四〇）年に開かれた。学生自治会が発案して、地元から土地を無償で提供してもらい、学生と卒業生の奉仕作業で造り上げた施設である。もちろん今も使われていて、ずっと学生の身体と心の修養に役立ってきた所だ。瀟洒な三〇〇坪の山小屋風建物があったそうだが、今はもう残念ながらない。

三　内牧から笹倉まで

街道歩き第三回：的石～内牧～宮地（一六キロ）
街道歩き第四回：宮地～笹倉（一二キロ）

内牧宿

旧道から再び県道に出た。しばらく歩いたら大きなタブの木が目につく。近づいたら菅原天満宮だ。鳥居の横に大きくそびえていた。もうここは内牧宿。御殿様の二泊目の地。街道は右に左にと直角に曲がる。「内巻（牧）は豊後街道の宿なり。宿の西外に熊本より十里という木あり。これより一里ごとに皆札たてり」と、桃節山が書いている。それが十字路に十里木跡として標示されている。何年か前までは槙の木があったそうだが枯れてしまい、店の駐車場に変わっている。ここ内牧宿は熊本から十里、豊後街道全行程の三分の一地点となる。

内牧は天文年間（一五三二～一五五五）に、辺春丹波守《へばるたんばのかみ》が内牧城を築いて一帯を支配した頃から始まる。天正年間（一五七三～一五九二）、島津氏が侵入して、ここを始め阿蘇郡内の城がことごとく落ちる。しかし慶長六（一六〇一）年、加藤右馬允可重《うまのじょうよししげ》が内牧城主として入り、七万五〇〇〇石を賜った。その後元和元（一六一五）年の一国一城制によってその城は壊され、加藤氏は熊本へ移り、清正・忠正二代にわたって家老として忠誠を尽くす。

加藤氏没落後細川氏が入国して、城跡に手永会所や御茶屋など諸役所を置いて、阿蘇一帯の統治の中心地とした。今でもその跡として、阿蘇市支所に会所跡、図書館・スポーツ公園に御茶屋跡として伝わる。

御茶屋跡は今でも町のはずれのちょっとした丘となっていて、城の一部、石垣や堀が残っている。それを示す記念碑があるが、碑文の部分が壊され

㊱

内牧城跡。すっかり変わってしまった

（51頁に周辺図）

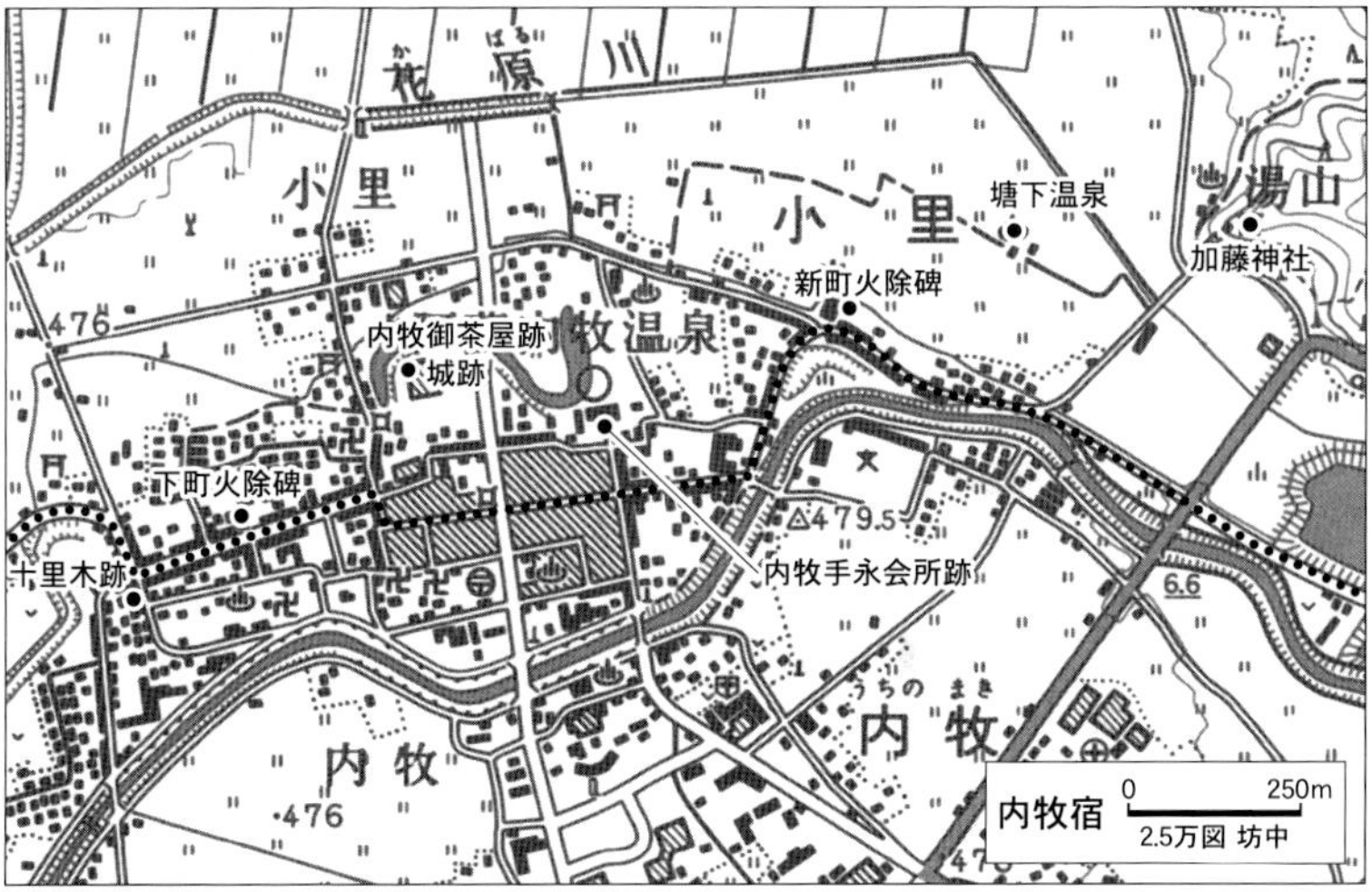

ていて読み取れない（写真㊱）。誰がいたずらしたのか。これでは由緒ある城跡、御茶屋跡も泣いていよう。

「会所門前横道より南側十間家造禁制」との石柱もあり、町屋を遠避けて造られていたことが分かる。

内牧宿の勝海舟

この御殿には勝海舟たちも宿泊した。そして熊本藩政に感服している。

「（二月十九日）内の牧に宿す。この地もまた山中、山泉自由なり。惣て鶴崎よりこの地まで、土地厚瘠、熊領は大材甚だ多し。我、この地を過ぎて、領主の田野に意を用いしこと、格別なるに歎服す。また人民、熊本領にして素朴、他国の比にあらず」

勝海舟のことは前にも書いたが、さらに続ける。

文久・元治のこの頃（一八六一～一八六五）、攘夷運動が盛り上がっていた。長州藩は、馬関海峡を通る外国船を砲撃して意気を上げていた。その長州藩を攻撃しようと欧米列強は画策する。それがやがて四カ国の下関砲撃となる。この動きを知った幕府は、勝海舟を長崎へ派遣させて外国公使などと交渉にあたらせる。その命を受けた海舟は、坂本龍馬たち海軍操練所の若者を率いて長崎へ急行した。神戸から航海して佐賀関へ着岸し陸行して、鶴崎から豊後街道を歩き、この内牧に宿泊した。な

㊲

火除碑に宿場の人々の願いを思う

㊳

内牧宿の旧家

お、帰路もこの逆コースをたどる。その時熊本で、坂本龍馬を横井小楠宅に訪ねさせ、小楠の甥（横井大平と左平太）を預かる。彼らはその後、アメリカへ留学して、その一人横井大平は熊本洋学校を立ち上げ、教育に大きな役割を果たした。そのことも付記しておこう。

海舟はこの長崎行きを日記にしたため、今も『勝海舟日記』で読むことが出来る。海舟は幕臣ではあるがその視野は広く、将来を良く見据えていた人物であったと思う。龍馬を引率したわけが理解できる。

伊能忠敬たちも宿泊した。文化八（一八一一）年十二月十五日、大津から測量して、五里十九町四十一間三尺と打ち出し、客殿に止宿した。翌日、いつものように出立して小池野村まで測り、坂梨本陣に泊る。また翌年六月二十五日もここに泊って、宮原へ進んだ。

内牧宿はたびたび大火に見舞われた。中でも文政年間（一八一八〜一八三〇）には二度も町が全焼した。それで町内に空き地を設けて、火除けの碑を建てている。下町の火除け碑、猿田彦大神前と、新町のそれが今も残っている。それぞれに、角口九間とか六間、つまり約一二〜一七メートルの火除け空き地を造るように刻みこんでいる（写真㊲）。

町内を歩いていると、荒神さんがあったり、古い造り酒屋があったりと、古い歴史をしのばせる（写真㊳）。また、温泉旅館や共同浴場が目につくが、江戸時代はそうではなかった。御殿様は温泉でゆっくりしていないようだ。湯山に泉源はあったが、町まで導入出来ず、温泉町となったのは明治以降のことなのである。
節山は、「内巻にも出湯あり。宿町より少し相離れたる所にあり」と述べているが、入湯したろうか。

山頭火句碑

温泉町と名が売れ出したのは明治以降で、それから温泉町として栄えていく。多くの文人墨客がやってきた。その中の一人が種田山頭火だ。昭和初年の漂泊の俳人だ。
山頭火句碑に会いに内牧をさらく（歩く）。会う人ごとに尋ねるが、「わからない」の返事ばかり。山頭火もここでは忘れられた存在か。やっと民宿のご主人と出会い、親切に連れて行ってもらう。町はずれのひなびた温泉宿があって、庭先にその碑はあった（写真㊴）。

　コスモス寒く阿蘇は暮れずある空　井泉水
　すすきのひかりさえぎるものなし　山頭火

昭和四（一九二九）年十一月、荻原井泉水門下生八人が阿蘇吟行に出た時、この「ともした（塘下）旅館」へ泊ったのだ。

㊴

やっと出会えた山頭火の句碑

山頭火の句碑は各地にある。街道歩きをしていると、必ずといっていいようにその句と出会う。

　こんなにうまい水がある　（島原街道）
　湯壺から桜ふくらんだ　（長崎街道・嬉野宿）
　人生即遍路　（四国八十八霊場）

山頭火は現在の旅好きの人にとっては憧れの人である。旅人の気持ちを良く表わしているからだろう。また山頭火とは出会うこともあろうから、今日はこのくらいにしておく。

内牧温泉にはこのように多くの歌人が立ち寄ったので、たくさんの歌碑がある。地元の宗不旱、宮柊二、吉井勇、与謝野鉄寛と晶子の比翼歌碑など。歌碑巡りも楽しそう。

やたらと町内の街道は折れ曲がる。これは清正公の御本陣防衛策なのか。町外れに大きな神社の鳥居が見える。加藤神社で、内牧を開いた加藤右馬允を祭っている。この山手に高さ三五㍍の大杉があって、御神木としている。この脇の道を登ると、大観望へ出る。阿蘇展望第一の地だ。その名は徳富蘇峰が命名した。やはりここ熊本の人だ。

霜神社

街道は黒川沿いに進む。大きな遊水地もあって、黒川流域の整備が進んでいる。千石橋を渡る。千石とは、米の千石も出来る所だということにちなむようだ。

犬塚太次兵衛義元が、正徳二（一七一二）年、小池、今町、小里、小野田開田のために小里用水を引いた。その時、黒川を横断させるのに苦労した場所がここ千石である。その完成でこの辺り一帯が豊かな水田地帯となった。それでその名がついた。一面、青々とした稲穂の中を進む。今年も豊作だろう。

正面に阿蘇五岳が広がり、仏様が寝ているお姿にそっくりだ。顔が根子岳、胸が高岳、お腹からわずかに煙を出していらっしゃる。へそで茶を沸かす？　その頭の部分に向かって街道を進む。

その広い水田の中を進むと、十一里木跡がある。圃場整備のために動かしたのか、標示石柱は無粋なコンクリートブロックの上にのっかっている。

㊵

阿蘇の火祭りで名高い霜神社

役犬原《やくいんばる》という珍しい地名の所を通る。阿蘇家の神事、下野の狩に使用した猟犬を飼育したことにちなむ。この集落の端に、霜神社がある。阿蘇の火祭りで有名な神社である（写真㊵）。

ここには、的石で紹介した、健磐龍命《たけいわたつのみこと》と鬼八にまつわる話がある。健磐龍命から追われた鬼八は捕らえられて、首をはねられた。その時、「この恨みはきっとはらす。阿蘇に霜を降らせてやる」といい、亡くなったという。そのために阿蘇では霜の害が続いて、農民は大困り。それを聞いた健磐龍命は、火を焚かせてその害を防いだそうだ。それが火祭りの始めという。

毎年八月から十月まで乙女がこもって火を焚き続け、十月十八日には火渡りの神事が執り行われる。国の無形民俗文化財にも指定されている。

塩塚の道標

直進すると阿蘇神社、街道は右へ曲がって宮地へと進む。その交差点に道標と石仏が立っている。高さ二メートルくらいの石柱には、正面に「阿蘇神社（自是東八丁坂梨迄一里余）」と左面に「明治九年七月七日栗林権蔵再建」と刻まれていることが読める（写真㊶）。並んで、不動明王像、馬頭観音像、聖観音像、自然石などが立っている。

街道は阿蘇神社を避けて通る。東岳川沿いに進む（写真㊷）。農道となって道幅が狭まった所に十二里木跡がある。その先は草道となって、川を渡る。もちろん橋はなく、川底にコンクリート道があるだけ。

この辺りは火山灰地で軟弱な地盤であるから、雨ごとに洪水となって川を洗ったのだろう。それで石畳の

阿蘇五岳をずっと見続けて歩く。左が根子岳

㊷（左）㊶（下）

塩塚の道標。阿蘇神社への分かれ道

敷かれた徒歩渡りであったようだ。

国道五七号線に出た。すぐ宮地の駅である。

あそBOY（ボーイ）

宮地駅に着いたら、思いがけずにSLあそボーイ号がいた。春から秋にかけての土日、祭日に運行しているとのこと。願ってもないことだ。これに乗って帰ることにする（写真㊸）。

私たちの世代は、みんな蒸気機関車にあこがれていた。特に同行のMさんはおおはしゃぎである。昔の鉄道少年で、それを今でも引きずり、大の鉄道旅行好き。早速、機関車談義が始まる。

ホームに出て、記念の写真撮影。そしてSL58654号を舐めるように見つめる。黒煙とその匂い、排蒸気の音など懐かしいね。運転士さんと話し込む。四〇代と、意外に若かった。JRでは、蒸気機関車の歴史と伝統をちゃんと継承しているのだな。

「ボォーッ」腹の底まで響く汽笛を一声、ガッタンゴットンと動き出す。後方の展望車へ行き外を眺める。線路沿いにはたくさんの人が集まり、手を振っている。今でも蒸気機関車の人気は高い。

この機関車はハチロクの愛称で人気の高いSLだ。大正十一（一九二二）年誕生と、車体に刻まれている。九州各地を走りまわり、走行距離三三四万キロであった。

㊸

帰りは「あそBOY号」に乗って楽しむ

昭和五十（一九七五）年に廃車になって人吉で展示されていたが、再び復元されてこの阿蘇を走るようになった。牽引する客車もウエスタン風で、名づけて「あそボーイ」という。運行は昭和六十三（一九八八）年の夏からで、熊本・宮地間を往復している。やはり阿蘇には蒸気機関車が似合う。阿蘇山の麓を、煙を吐きながら走る「あそボーイ」は一幅の絵になる。

「ガッタンゴットン、ボォーッ」

あそボーイ号はゆっくりと進む。立野駅に近づいた。ここは阿蘇外輪山の切れ目で、ここの急坂を乗り越すために、線路は三段のスウィッチバックとなる。

阿蘇谷へ鉄道が開通したのは大正七（一九一八）年のことである。大正になって生まれた宮地軽便鉄道は、大正三（一九一四）年六月大津駅まで開通し、いよいよ阿蘇の外輪山越えの工事にかかる。二年後の十一月には立野駅まで通じ、さらに阿蘇谷へ鉄道敷設するために、高度技術を採用した。それが三段式のスウィッチバック方式で一〇〇〇分の三三・三の急勾配を越え、大正七（一九一八）年十一月、宮地駅まで開通出来た。やっと阿蘇谷を汽車は走ることが出来たのだ。

さらに大分県側へレールは延びた。阿蘇東外輪山を越すために、長い室坂・坂下両トンネルを掘るなど難工事が続き、やっと昭和三（一九二八）年十二月に宮地駅・玉来（竹田市）駅間が開通し、豊肥線一四八キロが全通して熊本県と大分県が結ばれた。

車窓の景色を眺めたり、阿蘇の鉄道の歴史などを考えてうとうとしていたら、いつの間にか熊本駅に着いた。あそボーイ号ともお別れである。

残念なことに、もう、あそボーイ号はいない。平成十七（二〇〇五）年八月二十八日引退した。この一七

笹倉
笹倉宿
波野道の駅
知事の塔
十四里木跡
四里塚
小池野
大道
なみの
阿蘇やまなみゴルフ場
高野原
街道歩き第４回
宮地～笹倉（12km）
0
1km
５万図 阿蘇山

西手野
東手野
手野
尾籠
片隅
象ヶ鼻
古城ヶ鼻
三閑
阿蘇品
三野
塩井
野中
東下原
西下原
中通
中原
西井手
井手
原口
角井
竹の内
阿蘇神社
阿蘇神社
宮地
塩井川
今宿
陣ノ町
一の宮町
柿の木
無田口
古神
泉
みやじ
県農業研究センター
保養センター
北坂梨
鬼塚
中坂梨
豆札
福原
桜町
卯の鼻
坂梨御茶屋跡
子安観音堂
坂梨宿
天神眼鏡橋
坂梨
十三里木跡
福岡
古閑
神石
護法神社
滝室坂
この間
廃道
カヲの墓
坂ノ上
坂の上
馬場
区牧野
松ヶ迫
池

年間に約五二万人を運んで、人気も高かったが、なにせ、その誕生は大正十一（一九二二）年で、交換する部品もなくなり、手造りしなければならないそうだ。また蒸気機関車の運行にはかなりの経費がかかるからである。今後は「ディーゼルあそBOY」として阿蘇の麓を走るそうだ。また人気も高まろう。

バスで熊本港まで行き、フェリーに乗り換えて島原に着いたら、もう暗くなっていた。

（街道歩き第三回はここまで）

阿蘇神社

街道から離れているが、阿蘇神社を訪れる。なにせ阿蘇の神であり、肥後の総鎮守の神であるから、道中安全の祈願のためだ。御祭神は健磐龍命で、他十二神を祭る。この神はいわずと知れた阿蘇国造りの神で、神武天皇の孫神であるそうな。大昔、阿蘇谷は満々と水を貯えた湖水であった。健磐龍命はこの大湖の水を切り落として、美田を開いた。このように農耕の道と国造りに尽くしたという伝説が語り継がれている。

中世以後、阿蘇氏は肥後の大半を領有して大きな勢力を振るう。それで一一世紀以降、肥後一宮と仰がれて肥後の総鎮守神となった。現大宮司は九一代目という。このように長い歴史がある大社だから、見事な社殿と二層の楼門を持つ。どこにもない構えである（写真㊹）。

境内に入る。神々しい中に拝殿し、御神恩を頂く。みやげに不老長寿の水といわれる「神の泉」をペットボトルに詰めて出発だ。

昔から多くの旅人が参拝に訪れているが、桃節山の『西遊日記』を読ん

㊹

歴史といい、社殿といい、その名がとどろく阿蘇神社

でみる。

「（宮地に至る）町屋あり、家数百軒余ある由。呉服類を始め、諸品皆相応に備わる。阿蘇大明神の宮あり、参拝す。阿蘇大明神は神武天皇の御孫タテイワタツノ命。上古、阿蘇山の麓は一円の湖水なりしを、阿蘇大明神ここに来たまい地理を見て、スガル（数鹿流）村より水を切り落とし（スガルの滝則これなり）、水の落したる湖水の痕を開墾して田地としたまい、ついに六万石の田となる。今の阿蘇郡これなり」

坂梨宿

国道を約二キロ歩いたら、右手へ分かれ道があって、それが豊後街道である。すぐ坂梨宿の入口となる。国道改修時に別に道を通したので、坂梨の町が残った。今でも宿場の町並みやその面影を残している。

町の入口に大きな恵比須石像がある（写真㊺）。もちろん材質は阿蘇凝灰岩である。HISTRY・ROAD「豊後街道歴史の道」と、案内板がある。ここも見所いっぱいの町である。

坂梨手永会所跡がある。しかし今では古井戸だけで、隣に坂梨小学校発祥の地との石碑も立っている。天神橋を渡る。肥後の名工が架けた眼鏡橋である（写真㊻）。

「弘化四年丁未春吉辰　棟梁八代郡種山手永　石工卯助」

親柱にそう刻まれている。あの緑川に架かる長さ三七・五メートルもの大型石橋の霊台橋を造った人だ。肥後には種山の名工と呼ばれた岩永三五郎たち石工がいて、各地で眼鏡橋を架けていた。その甥に卯助、宇一、丈八兄弟がおり、彼らの技術は古今絶無といわれ、肥後の名工の名をさらに高めていた。

この天神橋を築くために三年をかけたという。約一〇〇個の石を積み上げ、見事なアーチを描いている。以来一五〇年間、多くの人々や車が通り、特に近代になってトラックやバスが通過してもびくともしない。

㊺

坂梨宿入口にある恵比須石神

㊻

肥後の名工が架けた天神めがね橋

肥後は石橋職人を多く生んだ所で、彼らの労作が街道各地に残っている。

坂梨宿と伊能忠敬

町筋から少し離れた南手に坂梨御茶屋跡がある。大きな建物が残るが、住む人もいないようだ（写真㊼）。広大なその屋敷の残る姿は痛々しい。

坂梨御茶屋は藩主の宿泊地ではなくなったが、本陣として使われていた。伊能忠敬が測量時に宿舎としてたびたび使用している。

「十二月十六日、内牧宿出立、黒川沿い、小里村、小池村、小倉村（字黒流、字今町）、竹原村（枝役犬原）、宮地村（字塩塚）、これより阿蘇神社華表前まで測（細川国印四石鎮座は別記）二里六町三間、同所社人にて中食、阿蘇神社前より初め、坂梨村字古閑、字馬場、滝室坂、小池野村まで測（坂梨止宿まで二十八町五十二間、合一里二十町二間二尺）、本陣客殿、別宿」

「十二月十七日、（同所逗留、小雨この日大いに寒し）、小池野村より初め、字戸の上、字笹倉（小池野、大利）、村界まで測（一里二十六町四十五間）、帰宿、この夜大曇にて雪あり」

「十二月十八日、（雪後大寒午前より小晴）坂梨村出立」

極寒の中を伊能測量隊は豊後街道沿いに測るが、この宿で二泊している。その後測量を続けて久住に泊る。翌年にもやってきて宿泊して、内牧へ去る。

「（文化九年）六月二十四日、上色見村字前野原出立、肥の尾峠（根子岳間阿蘇岳

弦書房

出版案内

2025年初夏

『水俣物語』より
写真・小柴一良（第44回土門拳賞受賞）

弦書房

〒810-0041　福岡市中央区大名2-2-43-301
電話　092(726)9885　FAX　092(726)9886
URL　http://genshobo.com/　E-mail　books@genshobo.com

◆表示価格はすべて税別です
◆送料無料（ただし、1000円未満の場合は送料 250円を申し受けます）
◆図書目録請求呈

◆水俣病公式確認69年◆

◆第44回 土門拳賞受賞

水俣物語 MINAMATA STORY 1971～2024

小柴一良　生活者の視点から撮影された写真二五一点が、静かな怒りと鎮魂の思いと共に胸を打つ。　**3000円**

【新装版】死民と日常　私の水俣病闘争

渡辺京二　著者初の水俣病闘争論集。市民運動とは一線を画した〈闘争〉の本質を語る注目の一冊。　**1900円**

8のテーマで読む水俣病

高峰武　これから知りたい人のための入門書。学びの手がかりを「8のテーマ」で語り、最新情報も収録した一冊。　**2000円**

非観光的な場所への旅

満腹の惑星　誰が飯にありつけるのか

木村聡　問題を抱えた、世界各地で生きる人々の御馳走風景を訪ねたフードドキュメンタリー。　**2100円**

不謹慎な旅 1・2　負の記憶を巡る「ダークツーリズム」

木村聡　哀しみの記憶を宿す、負の遺産をめぐる場所へご案内。40+35の旅のかたちを写真とともにルポ。　**各2000円**

戦後八〇年

占領と引揚げの肖像 BEPPU 1945-1956

下川正晴　占領軍と引揚げ者でひしめく街、別府がＢＥＰＰＵであった頃の戦後史。地域戦後史を東アジアの視野から再検証。　**2200円**

十五年戦争と軍都・佐伯　ある地方都市の軍国化と戦後復興

軸丸浩　満州事変勃発から太平洋戦争終結まで、連合艦隊・海軍航空隊と共存した地方都市＝軍都の戦中戦後。　**2000円**

戦場の漂流者　千二百分の一の二等兵

語り・半田正夫／文・稲垣尚友　戦場を日常のごとく生き抜いた最下層兵の驚異的漂流記。　**1800円**

占領下のトカラ　北緯三十度以南で生きる

語り・半田正夫／文・稲垣尚友　米軍の軍政下にあった当時、島民の世話役として生きた帰還兵の真実の声。　**1800円**

占領下の新聞　別府からみた戦後ニッポン

白土康代　別府で昭和21年3月から24年10月までにＧＨＱの検閲を受け発行された52種類の新聞がプランゲ文庫から甦る。　**2100円**

日本統治下の朝鮮シネマ群像《戦争と近代の同時代史》

下川正晴　一九三〇～四〇年代、日本統治下の国策映画と日朝映画人の個人史をもとに、当時の実相に迫る。　**2200円**

近代化遺産シリーズ

産業遺産巡礼《日本編》

市原猛志　全国津々浦々20年におよぶ調査の中から、選りすぐりの212か所を掲載。写真六〇〇点以上。その遺産はなぜそこにあるのか。　2200円

九州遺産《近現代遺産編101》

【好評12刷】

砂田光紀　世界遺産「明治日本の産業革命遺産」九州内の主要な遺産群を収録。八幡製鉄所、三池炭鉱、集成館、軍艦島、三菱長崎造船所など101施設を紹介。　2000円

肥薩線の近代化遺産

熊本産業遺産研究会［編］　全国屈指の鉄道ファン人気の路線。二〇二〇年の水害で流失した「球磨川第一橋梁」など、建造物・構造物の姿を写真と文で記録した貴重な一冊。　2100円

熊本の近代化遺産 上 下

熊本産業遺産研究会・熊本まちなみトラスト

熊本県下の遺産を全2巻で紹介。世界遺産推薦の「三角港」「万田坑」を含む貴重な遺産を収録。　各1900円

北九州の近代化遺産

北九州地域史研究会編　日本の近代化遺産の密集地北九州。産業・軍事・商業・生活遺産など60ケ所を案内。　2200円

比較文化という道

歴史を複眼で見る 2014〜2024

平川祐弘　鷗外、漱石、紫式部も、複眼の視角でとらえて語る。ダンテ『神曲』の翻訳者、比較文化関係論の碩学による84の卓見。　2100円

メタファー思考は科学の母

大嶋仁　心の傷は過去の記憶を再生し誰かに伝えることでいやされていく。その文学的思考の大切さを説く。　1900円

生きた言語とは何か 思考停止への警鐘

大嶋仁　なぜ私たちは、実感のない言葉に惑わされるのか。文学・科学の両面から考察。　1900円

比較文学論集 日本・中国・ロシア

《金原理先生と清水孝純先生を偲んで》

日本比較文学会九州支部［編］西槇偉［監修］　安部公房、漱石、司馬遷、プルースト等を軸に、最新の比較文学論を展開。　2800円

［新編］荒野に立つ虹

渡辺京二　行きづまった現代文明をどう見極めればよいのか。二つの課題と対峙した思索の書。　2700円

玄洋社とは何者か

浦辺登　テロリスト集団という虚像から自由民権団体という実像へ修正を迫る。近代史の穴を埋める労作！　2000円

◆各種出版承ります

歴史書、画文集、句歌集、詩集、随筆集など様々な分野の本作りを行っています。ぜひお気軽にご連絡ください。

☎092・726・9885
e-mail books@genshobo.com

❼47

坂梨御茶屋跡。もう住む人もいないのか

据）、坂梨村（野坂家中食）、坂梨町（二里五町二間一尺八寸）、止宿坂梨客殿」

阿蘇谷東端にある坂梨が、昔から阿蘇地方交通の中心地であることが良く分かる。

またこの地には吉田松陰も宿泊した。

「（二月）十八日、坂梨に泊る」

しかし、これだけしか書いていない。どの旅籠であったか、もう今では調べようがない。

町内をきょろきょろしながら歩く。というのも、当時の屋号を書いた灯籠風の看板が掛けてあるからだ。

大黒屋はどこだ。ここは西南戦争時に薩摩軍の本陣が置かれた所という。

三月に二重峠で敗走した官軍は、大分県側から兵力を増強して坂梨を襲う。明治十（一八七七）年四月十三日、薩軍を蹴散らし、阿蘇谷へ入る。

子安観音

街道の両側を清水が流れる。これまた阿蘇の伏流水だ。その名水を利用した豆腐屋さんがある。おいしそうな豆腐が泳いでいるが、まだ中食には早いと、水だけ頂いて立ち去る。小さな水車が回っている。側には水車小屋地図があって、盛んだった頃の様子をまとめている。

木喰上人作の子安観音像を拝む。町の大富豪、虎屋の奥方が依頼して刻ませた等身大の観音様だ（写真❹48）。虎屋はそれを天神社境内に堂を建て、子安観音として祭った。すると霊験あらたか、子どもの救い神となっ

㊽

子安観音は今も霊験あらたかとか

㊾

十三里木跡は国道端へ引越していた

た。それで近郊からの参拝者も多く、今でも子どもの病や母乳不足の解消にと、甘酒を竹筒に入れてお参りする人も多いそうだ。

町中に十字路がある。その道を右へ行くと高森方面へと通じる。つまり野尻・日向道で、根子岳山麓を越える現在の国道二六五号線。まっすぐ行くと豊後街道。本当に坂梨は交通の要地だ。

町も終わる所が桝形になっていて、坂梨番所が置かれた所である。そこには馬頭観音像や秋葉山大権現板碑などがある。また一里山といって、十三里木もあったようだ。その記念石柱はこの五〇〇メートル先、国道端へ移されていた（写真㊾）。

一キロ余りの坂梨宿歩きが終わった。いい所である。これまたお勧めの道である。

国道に出てしばらく歩くと、眼前に外輪山の壁が広がる。滝室坂が待ち構えている（写真㊿）。

「大坂に坂なし、坂梨に坂あり」

坂梨の地が標高五四三メートルで坂の上が七八六メートルだから、その差二五〇メートルを三キロ歩いて越さなければならない。二重峠と比べてどうだろうか。覚悟して登る。

「土人（土地の人）の方言に、大坂に坂なし、坂なし（梨）に坂ありとて、

50 再び阿蘇外輪山を越える滝室坂

51 峠の石畳道。復元されていてありがたい

豊後より坂なしに入るは片坂にて険阻の下り一里半」

と、古河古松軒は書いている。また高山彦九郎は、寛政四（一七九二）年、竹田から熊本へ行く時ここを通り、この急坂のことを書いている。

「岩坂を下る事半里計りにして坂梨町なり」

だんだんと高度を高めていく。この道は明治以来も旧県道として残ったから、この所は歩きやすい。道の一部は石畳で固められている（写真51）。街道の真正面の一段高いところに、祠があった。登ってみたら護法神社である。

護法というが、乙護法のことで、仏法守護の神様のこと。これまた二重峠にあった「ごうさま」のことだ。祠内には木彫りの護法様を祭り、周りには千手観音石像もいらっしゃって、道中の安全を見守ってくださる（写真52）。

さらに坂道を進む。川沿いに廃道が続く。頭上に岩が迫る。実はこの辺りで道を間違えたのだ。進んだ所が河原で、岩石がごろごろ。なんと前方の壁面に線路が見える。JR豊肥線の一部で、このために道は行き止まり。

歩いてきた道は、旧県道であったが、平成二（一九九〇）年の大水害で線路ともども崩壊したものである。仕方がないと、護法社近くまで引き返して休憩。一息ついてそこに立つ説明板を読む。

52

護法社に道中安全を祈って峠越え

滝室坂

道を間違えたら、引き戻ることが街道歩きの鉄則だ。そして一休みして考えてみること。

旧道の入口を探していたら、草刈り機の音がする。その人を探して尋ねよう。

この人たちは、この年の夏休みに熊本の子どもたちが豊後街道を歩くために、道普請をしているところという。熊本では毎年夏休みに、小中学生に地域の文化と歴史を学んでもらおうと「参勤交代・九州横断徒歩の旅」を催している。もう二〇年以上も続いているそうで、街道沿いの皆さんはこんなふうにサポートしているのだ。ありがたい、地獄に仏とばかりに街道のことを色々聞く。ここら一帯がこの前の水害ですっかり荒れ果てたから、雑草を払ったりと道を整備しているとのことだ。ありがたいことだ。

小川を越え、雑草雑木の中を進む。先ほど読んだ説明板を思い出す。

ここには石橋があった。川幅二メートル、深さ二メートルほどの谷が切り込んでいたからで、そこに長さ二・五メートル、幅三〇センチの細長い板石を五、六枚並べて石橋を架けていた。橋の基礎部は石垣で固めていた。

それが明治以降廃道になって、たびたびの水害に遭い、次第に壊されていった。とうとう平成二（一九九〇）年七月の大水害で、跡形もなく破壊されてしまった。阿蘇の地質は火山灰のためにもろいから、雨水でよく流されていた。手を入れなくてはこのようになってしまうのだ。歴史ある道だから、ぜひ二重峠道のように整備・復元していただきたいものだ。

　完全に廃道となり、小川となってしまった旧街道を今度は沢登りだ。急ごしらえのハシゴが架かっている所もある。これは先ほどの人たちが作られたものか。感謝して使わせてもらう。

　難行苦行、大きく息をはきながら歩く。悪い時には悪いことが続くものだ。カメラを落としてしまった。それでこの辺りの写真が、一枚も撮れていなかった。その後、写真撮影のために坂梨宿から滝室峠まで歩いたが、廃道を歩くことは止めた。あの難路を一人では行けないと、弱音がでたからだ。

　どのくらい苦闘したろうか、頭上から自動車の音が聞こえる。国道五七号線は間近い。しかしそれからもひと苦労。そこへの出口が分からない。国道からの排水溝沿いに行ったら、やっと出ることができた。滝室坂の強行突破である。古人がいったように、今でも一番の難所である。

砲台跡

　阿蘇外輪山上に出た。数軒の店があるだけで見晴台などない。街道が車時代のために大きく変わり、阿蘇の雄大な景色も見られない。二重の峠ではその美景に疲れも吹き飛んだがと、みんな不満。

　初めてこの地で阿蘇を眺望した勝海舟は書いている。

「山上より阿蘇岳を見る。この岳に並び立ちたつ高峰あり。猫が岳という。人跡至らず。山の頂上、大石、剣の如く成るもの直立す。妙義山に比すれば、更に一層の奇峰なり」

　海舟や龍馬が目にしたと同じ美景を探すが、その地は地区の共同牧草地になっていて立ち入れない。残念。

53

峠を登り終えたら砲台跡があった

砲台跡と木碑が立っている（写真53）。明治十（一八七七）年、西南戦争の時に砲台が築かれたところ。なるほど阿蘇谷が一望でき、街道筋も見通しだから守衛にはもってこいの場所であったろう。今では地区の共有地となって、牧草や熊笹で覆われている。土地の人三人がここで戦死したと標示板に書かれているが、どんな戦闘であったろうか。合掌して進む。

カヲの墓

広い阿蘇平原に出たら、平らな道が東へと延びる。少し下り坂となって街道は進む。坂の上という小集落がある。もうここは波野村（現・阿蘇市波野地区）だ。

波野とは、阿蘇国造りの神・健磐龍命の鼻息で、野原のススキが波のように美しく揺れ動いたからそう呼ばれたそうだ。事実、旅人の記録にも、「阿蘇辺十里四方茅野原と申事之由」（桃節山『西遊日記』）とある。

杉林の中に「カヲの墓」と書いた木の板が立てかけてある。「カヲというジョウモンがいて」と、土地に言い伝えられた人で、藩主がここで休憩した時、お茶を献上した美女だそうだ。その墓なら立ち寄って、お参りしなくてはなるまいと、みんなの意見が一致。

54

カヲの墓。石仏にその姿をとどめる

集落の裏手、杉がうっそうと茂っている地区の共同墓地の中にその墓はあった。正面に観音像を彫り込み、左右背面に「釈尼妙信不退転位　俗名カヲ」「文政十三年寅二月二四日」と、刻まれている立派な墓だ（写真54）。一七〇年もたつのに、さすがよく祭られている。合掌。

㊺

神楽の里「波野」

四里塚

道は平道で歩きやすいが暑い。国道をギラギラと太陽が照りつけ、その中を歩かなければならない。難所越えでエネルギーを使いすぎたのか、遅れる人が出始める。Sさんのあごが上がっている。左手に枯れ川や農道があるが、それが旧道である。

周りは一面野菜畑で、広い火山灰地の畑にキャベツの苗を植え付け中である。

「あれっ、機械植えばい」と、同行のSさんは驚く。

広々とした畑に大型トラクターが次々と苗を植え付けて行く。田植機は見たことがあるが、野菜の植え付けも機械でできるのかと、島原では見られぬ機械化農業だ。阿蘇の農業は、これまた大陸風で、大規模である。

四里塚集落に十四里木跡があるはずだが、何にもない。見慣れた里数木碑がない。バス停名にその名がついているだけだった。

十四里木なのになぜ四里塚なのか。ここが久住から四里にあたるからそうつけられた。この地が久住から移住した人によって開発されたからである。

「道の駅・波野」という大きな施設がある（写真㊺）。現在のお休み処だ。波野の村は神楽の里で売り出し、ここにも神楽小屋が建っている。九月七日に神楽の定期公演開催と、大きな看板が立っている。ぜひ見たいと思っていたら、その願いが通じて、春の観光シーズンに訪ねたら特別公演があっていて、お目にかかることができた。そうはいっても神楽は夜に見るものだ。雰囲気が全然違う。しかしこれは贅沢というもの。

村直営のそば屋、農協の野菜直売所、手造り食品の店などで賑わっている。お土産として買いたい物もあるが、荷物になるからと、一番おいしそうな山菜飯とヨモギまんじゅうを腹につめ込んで再出発。

笹倉

道の駅からすぐ笹倉に着く。かつては御茶屋もあった所だが、今ではひっそりとした集落だ。その名残が各家の屋号に留まっている。細川重賢《しげたか》時代（一七四七〜八五年）に藩財政改革のためにこの御茶屋は廃止された。それまでは藩主の参勤もこの地泊まりであったようだ。またこの宿場町に打撃を与えたのが、西南戦争だ。

東京府警視隊は三月一日、大分県に着き、豊後街道を進み熊本を目指した。しかし二重峠で押し止められる。大利、産山、笹倉に布陣して兵を立て直して、四月には滝室坂で薩軍を破り、阿蘇谷へ入る。二重峠を突破して熊本へと進軍した。この時期、町は焼き払われた。

「知事さんの塔」があると聞き訪ねる。それは町外れの高台に立っている（写真56）。

56

「村々小前共へ…」知事直筆の減税令を記した知事さんの塔

明治の御一新で熊本県が生まれたが、旧藩主はそのまま藩知事となる。ただ名が変わっただけであるが、細川氏は違う。明治三（一八七〇）年、熊本藩知事細川護久の手で藩政改革が行われた。

「村々小前共へ」との書き出しで始まる、知事直筆の減税令の書き付けを彫り込んでいる。あげ米（上納米とは別の年貢）、口米（検査で抜き取る米）、会所並村出来銭（村役人の給与経費）の三つを免除する布告が書かれている。

旧藩時代の重い負担に苦しんでいた農民を救済するために、重い年貢と夫役から農民を解放しようとの試みである。本年貢の三分の一をカットするという。これに感激した農民、特に阿蘇地方の農民は碑を立てて知事を称え、子々孫々まで伝えることにした。それで他国でも、肥後の大減税を目標にと、百姓一揆を勇気づけたといわれた。

この時期、藩庁は進歩的な実学党が勢力を持っていた。熊本の前途を考えて、農民救済を考えたのである。高さ九〇センチの板碑には細川家の九曜紋を彫り、布告文をそのまま刻んでいる。このような碑が今でも九ヵ所あるそうだ。

滝室坂越えで時間と体力を意外にも消耗したので、ここで本日はおしまい。帰りのバス時間までラジオ体操などして疲れた体をほぐす。

（街道歩き第四回はここまで）

四

笹倉から久住まで

〔久住宿泊〕

街道歩き第五回：笹倉〜久住（一六キロ）

ヘキ谷の道標。ここらもすっかり明るくなった

ヘキ谷

笹倉で街道は再び国道五七号線と別れ、静かな杉林の中を通る。その分岐点に「参勤交代道跡」の標示板が立っている。石畳が一部復元している。やや道は下りとなって、木陰の中を、足にやさしい道が続く。杉並木がある。それほど大木ではないので、後世植えた木なのか。また道は凹地になっていて、昔の様子を伝えている。

十五里木跡を通る。ここは小高い丘になっていて、そこに標示板がある。街道中、唯一残る里程塚だそうで、底面約三メートル、高さ二メートル弱の円墳のようになっている。

さらに進むと、茶沸かし場跡がある。駕籠を下ろして一休みした場所であろう。杉林が切れて明るくなった。片俣川橋に出た。ヘキ谷橋である。

ヘキとは壁、境界のことである。ここは川底の深い谷で仕切られている。ここが波野村と産山村の境で、その昔、この辺一帯はうっそうとした木で囲まれて、昼なお暗い場所であった。道に迷うものもいて、魔のヘキ谷といわれた。

通ってきた茶沸かし場付近で、巡礼の女性が参勤の供侍に手討ちにされたそうで、それからというものは、夜毎に巡礼女の泣き声が谷から伝わってくるようになり、夜になると通りがパッタリ途絶えてしまったそうだ。

そこで通りかかった播州の俳人碧松は、その供養と旅人の安全を願って自作の句と弟子たちの句を刻んで道標を建立した。これがヘキ谷の道標で

㊽

「役場より 8670 メートル」の産山村里程標

㊾

「水の恩」を忘れない。地区の人々の思い

ある（写真57）。

高さ一・三㍍の碑には、「前　熊本・鶴崎道」とあり、側面左右に「ひだり　ならきの・なんこう」、「明治元戊辰十二月建　播州龍埜　准南堂碧松」と刻んである。

ここは、波野村の本村・楢木野と阿蘇南郷・高森方面の分岐点でもある。

産山村

さらに進み、高野原との分岐点付近に、産山村の里程標がある。里数木が江戸の昔のものに対して、これは近代のものだ（写真58）。「役場より八六七〇メートル、標高六八〇メートル」と読める。村の里程標は初めてみた。山里の行政のために村はこのような努力をしているのだ。

道は産山村に入っている。産山とは、阿蘇国造りの神、健磐龍命の孫神・惟人命《これひとのみこと》が生まれた所ということからつけられた。景行天皇の九州遠征時に服従しなかった土蜘蛛（土豪）の住居といわれる洞穴、討伐された地として名が残る「血田」などの話も伝わり、神話の時代から続く村であるそうな。

水恩碑

水の苦労話は各地にある。村の開発と発展のために、先人は用水路を切

り開いてきた。大津の堀川や阿蘇谷黒川水系にその姿を見てきた。この阿蘇原野でもその事業が行われた。山道にさしかかる地に、水恩碑が立っている（写真59）。台石にその由来が書かれている。まさしく「水の恩」だ。この先、大利川上流から八㌔の用水路を掘って、この下方の阿蘇外輪山の広い原野に水を引いた。おかげで原大利、原片俣の一〇㌶が切り開かれた。明治二十四（一八九一）年のことである。その先人に感謝して建てられた碑である。

道は杉林の中へ進む。この辺りを「戸無し原」と地図にある。そうだろう。広い原野が広がり、人が住んでいる家もなかったのだろう。それでこう命名されたのだ。

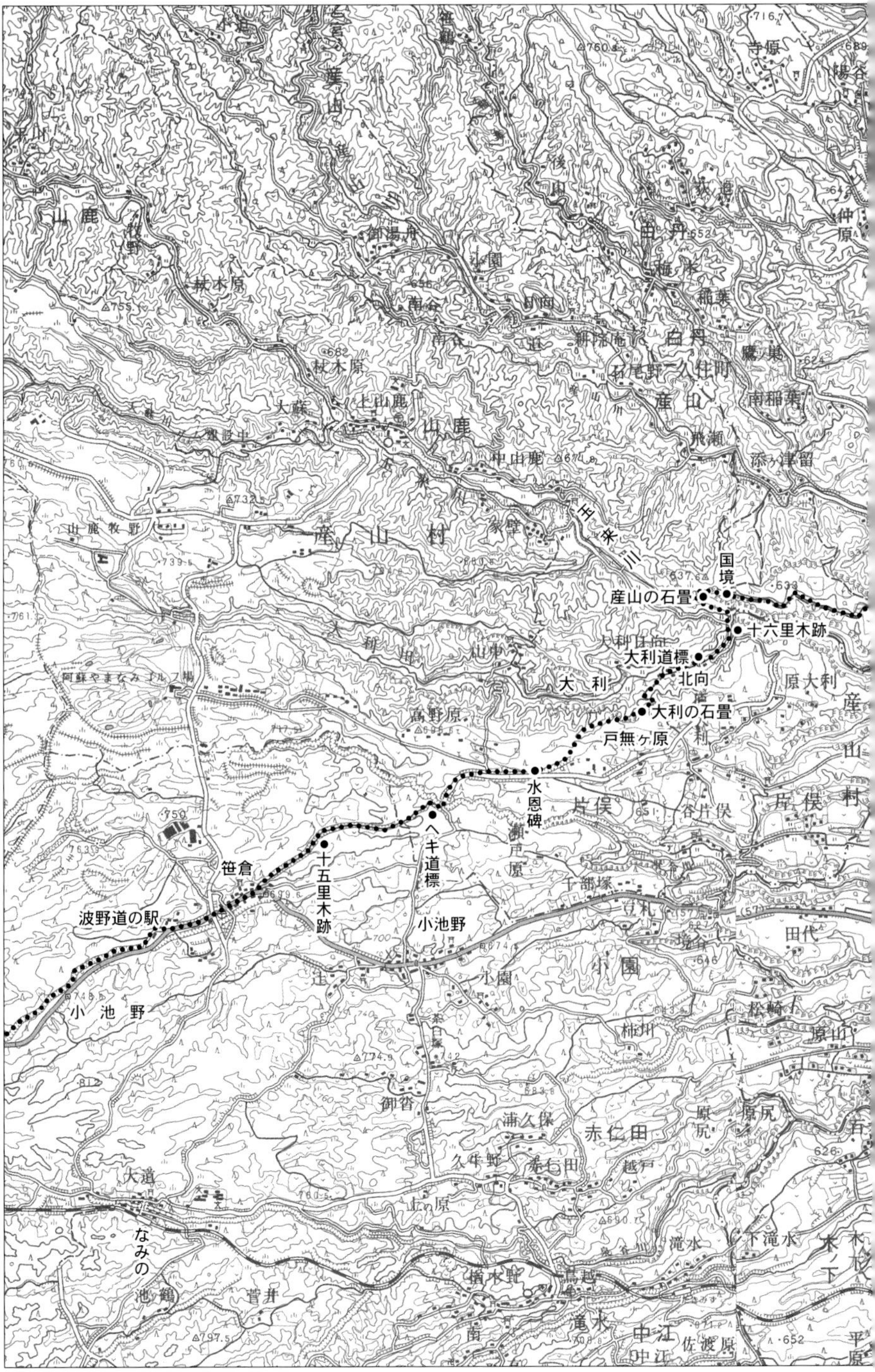
国境
産山の石畳
十六里木跡
大利道標
北向
大利の石畳
戸無ヶ原
水恩碑
ヘキ道標
十五里木跡
笹倉
波野道の駅
小池野

⑥⓪

苔むした石畳は通る人もなく——産山の石畳

⑥①

九重連山が見えた

大利の石畳

道は下りとなって、大利川へ向かう。この坂道に石畳が残っている。大利の石畳だ。この坂は弁天坂と呼ばれている。石畳は青く苔むしている（写真⑥⓪）。人が通らない証拠である。つづら折りの道をぐんぐん下る。この坂も厳しいぞ。案内板があるので読む。

文化十四（一八一七）年から四年かけて、久住手永の惣庄屋久住善兵衛を中心に農民たちが公役で造ったものである。それがこうして二〇〇年近く伝えられている。

途中に、日本一の鞍掛櫟《くらかけくぬぎ》があると案内板は知らせる。樹齢六〇〇年余り、樹高一五メートルある。しかし、通りの奥の方にあって高い崖を登るなど、難行が予想されるから素通りだ。

谷の向こう側に、九重の山並みが見える（写真⑥①）。まもなく豊後の国だ。元気を出して歩こう。

大黒石という大石が転がっている。また御休所跡もある。屋敷跡石垣が残る。人家に近づいた。

北向という集落へ来た。道に向かって殉難碑が立っている。昭和二十九（一九五四）年建立と、まだ新しい。これは水害犠牲者と道路工事犠牲者を弔って建てたもの。この大利川の谷間では、ひとたび大雨が降ると、阿蘇

62

ここが国境。熊本・大分両県の看板が道をはさんで立つ

原野を鉄砲水が走るので人々の苦労も多かったろう。

国境（くにさかい）

道幅は一間半（約三㍍）ほどと、昔のままである。街道筋に高く間知石《けんちいし》（角錐台の石）を四、五段積み上げた屋敷がある。土地の素封家、安達家だ。その石垣沿いに、高さ五〇㌢ほどの道標が立っている。建立は大正十三（一九二四）年と新しいが、この時代もまだ豊後街道を行き交う人が多かったので造られたもの。

正面に「右　笹倉阿蘇、左　白丹久住」と刻み、「右　原大利、片俣」と側面にある。

集落のはずれに大利バス停がある。産交バスがこの地まで日に二本、運行されている。そういえば、この豊後街道は県道に指定されている。一里山の標示がある。ここが十六里木跡だが、熊本を随分離れているから、土地の人は里数を数えるより、手っ取り早く一里山（塚）といったのだろう。

大利橋を渡り、玉来川沿いに一〇〇㍍ほどいった所からまた登り道となる。山の中へ坂道が続く。急坂だが石畳が敷かれ、それが保存されている。永瀬（産山）の石畳という。それで歩きやすく、ゆったりと石畳の感覚を足でも味わいながら五〇〇㍍ほど歩いたら、坂が終わる。平坦な杉林の中に出た。ここが肥後と豊後の国境だ（写真62）。しかしその標示もなく、ちょっと寂しい。

「やっと豊後の国に入ったのに、歓迎板の一つでも出してくれー」と同行のHさんがつぶやく。

その昔は、境の松が植えられていたそうだが、今はもうない。一休みして、よく周りを見渡すと、道を挟んで「鳥獣保護区・熊本県」「休猟区・大分県」と看板が向き合って立っている。旧豊後街道が県境となっているのだ。やっとこれで納得する。

森林地帯を出て、草道を進む。暑い草原道をどんどん進む。

豊後の国入り

今、豊後の国、大分県を歩いている。熊本県側にはよく案内板があって、その地の説明がなされていたが、大分県側にはそれがない。

地図を頼りにひたすら歩く。伊能忠敬もこのようにひたすら測量を続けてこの道を歩いたことだろう。文化八（一八一一）年、大寒の雪の中であった。

「十二月十八日（雪後大寒、午前より小晴）、坂梨村出立（小池野、大利）村界より初め（字中山）、産山村、豊後国直入郡岡領添津留村字三本松（人家あり）迄測（一里二十一町三十四間二尺）（この所にて中食）、添津留村字三本松より初め、字米賀、熊本領白丹村字米賀、字福川、（同領）久住村（字一里山）、竹田（岡）街道追分迄測（一里十三町二間）、枝阿蔵師、止宿前迄測（九町六間、合一里二十二町八間）、久住村着、本陣客屋、別宿」

はるか下に玉来川を見ながら、その台地上を歩く。大きな養鶏場を通り過ぎたら三本松である。上述の伊能一行が昼食をとった所だが、人家が数軒あるだけで何もない。掘り切り街道が町道改修のためにプッツリと切られ、草ぼうぼうの空き地として残っている。豊後街道の名残である。戦後、自動車が通れるように道を改修した時に変わってしまった。歩き専用の道はこんな運命をたどるのか。熊本藩主が通り、多くの旅人が往来した道も草むらのなかにわずかにその面影を残すだけである。

63

米賀の石橋を渡る

64

阿蘇外輪山から流れ出る川は急流となって…

ここには駕籠置き石があると聞いていたが、尋ねる人もなく通過。

肥後領

大分県へ入ったが、明治までここらは肥後領であった。慶長六（一六〇一）年、加藤清正は徳川家康から関ヶ原合戦の恩賞として、小西行長の旧領地をあてがわれて肥後一国の大名となった。その時、天草郡の領有を断って豊後三郡（海部、大分、直入）内の二万石を頂戴し、豊後国に参勤の道筋を確保した。それが米賀、白丹、久住の地である。今そこを通っている。

米賀に出た。足手荒神社がぽつんと立っている。手を合せて、何の神様なのかとふと思う。立派な県道が街道を横切る。その交差する所に手造りの案内板があり、助かる。トタン板にペンキ書きだから、消えかかっている。目指す久住への道が分かり、ありがたい。

石柱もあって、指道標と刻み、「右　白丹・久住、左　大利・笹倉」。側面には「右　稲葉・産山、左　宮城・竹田」と読める。県道改修時に、土地の人が作ってくださったのだ。

その道標に導かれて歩いていたら、川を渡る。稲葉川だ。下を見ると、川全体が滝となってとうとうと音を立てて流れている（写真64）。それを跨いで長さ二〇・五㍍と大きな眼鏡橋が架かる。大正十三（一九二四）年架橋の米賀の石橋だ（写真63）。町道を別に通したから、この道には車も通らずきちんと保たれている。四本の親柱も欄干も残っていて、うれしい。

白丹を通る。ここは志賀氏の城下町であった。中世、大友氏の一族であった志賀氏が居城・南山城を築いていた。それで町の出入り口に桝形が残り、その名残を止める。後で久住の宿場町を築造した時にここの町屋を移転させたという。

こういう歴史を持つ。それで、「小路史跡一覧表」が町角の民家の壁に掲げられている。

白丹城跡、古戦場が二つ、志賀氏の墓やキリシタン墓碑などと小さい町なのに歴史が一杯つまっている。

街道を外れた杉林の中に、「知事さんの塔」（明治三〈一八七〇〉年の藩政改革の記念碑。熊本藩知事細川護久の手で「村久小前共へ」と減税令を刻んでいる）がある。笹倉でお目にかかったものと同じようで、ここは確かに肥後領、細川様の御領分だったのだ。

神馬・一里山

へとへとになりながら神馬を通る。通ってきた道端には店はもちろん自動販売機さえ一つもなかったので、お茶一杯飲めなかったからだ。阿蘇東側は、思った以上に過疎化が進んでいるようだ。

街道は谷間へ進む。神馬谷へ向かう。石橋を渡る。神馬の眼鏡橋である（写真65）。古記録に「水深三尺、広さ五間、橋長六間、幅二間、石造」とある。これまた歴史がある。

今では地区の人たちの生活道路で、車が通ってもいいように、橋上部をコンクリートで補強してある。旧欄干の高さまで橋が埋もれているが、立派にその役割を果たしている。

勝海舟が坂本龍馬たちを引き連れて長崎へ急いだとき、この先の久住に宿泊して、眼鏡橋のことを書いている。

⑥⑤

勝海舟も驚いた神馬のめがね橋

⑥⑥

一里山石灯籠。ここからよく九重の山々が見える

「小流甚だ多く、架する橋は皆石橋、円形に畳み、橋杭なし」

これらの眼鏡橋を見て、谷深い川に橋を架ける農民の営みとそれを支える高い技術に驚いている。天保年間（一八三六〜四三）年に、久住手永の石橋は一一架もあったそうだ。さらに続けて、「導泉、意を用いて左右数所。林木これが為に繁茂し、稲、粟、皆実るべし。その巧妙、尽力の至る処殊に感ずべく、英主にあらざれば、この挙興しがたかるべし」とも書く。地方の様子をつぶさに見て、その地の政治を賞賛しているのだ。

同行の龍馬はどう見たろうか。この長崎行きを契機に、龍馬は日本の国の大改革へと目を開かせられたようで、師の海舟は、旅の途中途中に感じたことを述べ、教育していったのだな。欄干に腰掛けて一休み。目を閉じていると、二人が話し合っている光景が見える。

急坂の中に集落がある。一里山だ。入り口に地蔵尊があるが、石龕《せきがん》だけ。お地蔵様はどこへ行かれた。登り切ったところに水田が広がり、一里山石灯籠がある（写真⑥⑥）。

街道端に、五、六段の石を積み上げ、その上に石灯籠を据え付けている。一里塚はあちこちにあるが、これは石灯籠を備え付けている。夜間は火を灯して道中の安全を図っていたのかな。大利で十六里木跡を見て以来、久しぶりに見る一里山（塚）だ。それならこれは十八里木跡か。ここから九重連山の眺めがすばらしい。

やっと久住宿に到着。山を越え谷を渡りと、いやはや疲れた。しかし参勤のお殿さまは、内牧からここ久住までが一日のコースであった。つまり七里の旅程で、それを私は二日半かけている。昔の人は偉い。改めて、脱帽だ。

（街道歩き第五回はここまで）

五　久住から野津原まで

〔野津原宿泊〕

街道歩き第六回：久住〜神堤（一三キロ）
街道歩き第七回：神堤〜野津原（一五キロ）

⑰

久住御茶屋跡は小学校→町役場→市支所と変遷

⑱

宿場町にはどこも旧家が残っている

久住宿

久住宿は交通の要所にある。北へ延びる小国街道、南へ竹田街道、そして東西へ豊後街道が横切る。この地に目をつけたのが加藤清正で、肥後を拝領した時に、ここ久住と野津原《のつはる》、鶴崎など豊後国内の地を手に入れ、御茶屋を置いた。町内には本町、横町、堀木町、向町、新町などの町筋があって、本町構口から新町構口まで七町三七間あった。竈数八二軒と記録にある。『豊後国風土記』にも「救覃《きゅうたん》の郷」と記述されているように、古くからの要地であった。

豊後街道と竹田街道はわずかに合致していて、その中ほど本町の西側に久住会所があった。今ではその跡に標示が立っているだけ。この辺りは今も桜馬場といって町一番の繁華街である。旅館であったろうか古い大きな二階造り建物も残る。

会所とは、この辺り一帯を統治する役場のこと。久住が地域の中心だったことを示す。ここに久住手永が置かれ、久住、白丹、産山、波野などの村々を管理していた。その頭が惣庄屋で、幕末には郡奉行を兼ねていたそうだ。

本町の角、北側に御茶屋があって、その跡は役場（市支所）と文化会館になっている。今では石碑だけが残っている（写真⑰）。ここは町の背後、高台にあって、久住の山並みが一望できる良い場所である。下の方を小国街道が通る。北方へその道をたどると、久住の山々を縫って小国や日田へと通ずる。その道には当時そ

（97頁に周辺図）

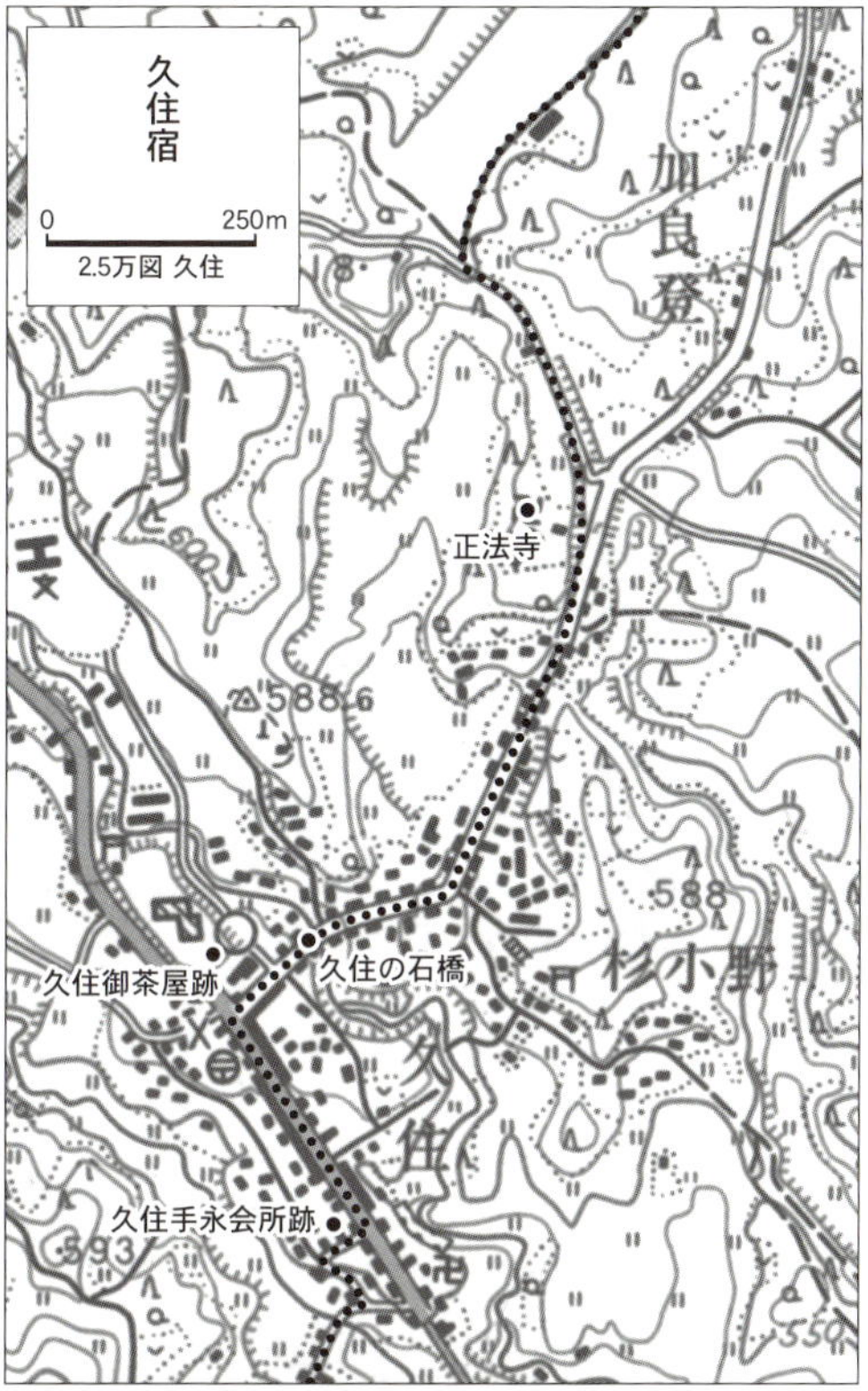

のままの松並木と、復元街道があるそうだが、通りから外れている。帰路、車中からでも眺めるか。

ここに藩主は参勤時に宿泊した。藩主の寝所を初め、多くの建物が石垣の上の高台に造られていた。城を思わせるようなお屋敷であったろう。

ここに勝海舟、坂本龍馬たちも宿泊している。

「（文久四年二月十八日）久住に宿す。細川侯の旅亭。惣体茸屋（建物すべて茅葺きの家）。素朴、花美の風なく、庭中に泉を引き、末、田野に流る」

そのすばらしい様子を簡潔に述べている。

ここの前、三叉路を東に進むと、これが豊後街道。横町と向町との境となる田町川を渡る。そこにも眼鏡橋があった。コンクリートで補強されてはいるが昔の橋だ。「水深一尺五寸、広さ一間、橋長六間、幅二間、

69
ひんやりといい道、境川への道

街道歩き第６回
久住～神堤（13km）
0
1km
5万図 久住・竹田
長湯温泉
長湯ダム
キリシタン墓碑
神堤宿
常証寺
四つ口
追分
長湯
神堤
南原
上野
長野
新田
下河原
桑畑
国民宿舎
栃原
日向塚
筒井
神鉢
亀岳
福地
新屋敷
小高野
三宅山
草深
歩道

岳麓寺
市
湯の上
板切
小柳
有氏
仏原
須崎
久住町
向原
馬場
千人塚
栢木
古市
石原
境川
六反原
牧場
納池公園
青柳
ロードパーク
柚木
小倉
境川眼鏡橋
古屋敷
藩境
久住
今村
老野
老野神社
95頁に拡大図
長田尾
福原
木原山
880.9
646.2
589.2
584.4
542.9
689.8
608.0
647.9
673.7
606
628
588.6
582
563.5
563.4

70

巨木と湧水に囲まれた名勝・納池公園

石造」であった。近くに造り酒屋もあって、厨子《つし》造りのなまこ壁の大きな建物と、宿場の面影をよく残している（写真68）。

境川

正法寺下から左手に旧道は通る。これが豊後街道で、歩いていたら町民グランドへ出た。ここは縄文時代後期のコウゴー松遺跡で、九州の縄文後期を象徴する磨消《すりけし》縄文土器が出土した。その横に街道が残っているはずだが、発掘調査とその後の運動公園化のために破壊されたようだ。

大回りしてその出口へ進み、石橋を渡る。七里川橋で、久住川に幅二間三尺（四・七㍍）、長さ五間（九・六㍍）で架かる。掘り込み道でまさしく清正公道である（写真69）。町道と出会う。左に進むと納池公園で、直進すると境川だ。

ほどなく進んで境川橋を渡る。旧道には、これまた眼鏡橋があって、草むらに覆われている。阿蘇外輪山の麓は、川が深く土地を刻みこんでいる。それで堅固な石橋を架けている。もう何本の石橋を見てきたろうか。

境川とは、この川を境に肥後藩と豊後岡藩の国境であったことに由来する。ここまでが熊本領、この向こうは岡領である。やっと豊後の地を踏んだことになる。何度も書いているが、加藤清正の御威光がここまで及んでいたわけだ。この草に覆われた小さな橋はその様子を長い間見てきたことであろう。

71

わざわざ訪れた老野湧水。水がうまかった

納池

境川を一・五キロほどさかのぼった所に、大分県指定名勝「納池公園」がある。

この公園は、明治六（一八七三）年太政官布告によって、東京浅草、上野、京都嵐山、などとともに地域公園となった由緒ある地である。また江戸初期には、加藤清正の遊園地でもあったそうだ。もっと古くは、白丹城主志賀氏が遊んだ地でもあるとか。

公園には九重連山からの伏流水の湧水池となっていて、南北二五〇メートル、東西五〇メートルの細長い公園をかたちづくっている。その三分の一は池である。周囲は杉や樫、タブなどの巨木で覆われていて、壮麗な地である。その水源に納池神社が祀られている（写真70）。御神木は高さ二〇メートル余りの巨木である。

静かな池は朝もやにけむる。その中に一人のカメラマンがいて、この光景をカメラにおさめようと粘っている。私もまねてシャッターを切った。

老野神社

また街道に戻って、今日の目標である今市宿を目指す。街道が消えている。県道の向こう側にその道があるはずだが、その入口が分からない。山の斜面になっていて掘り込みのそれらしい地があるが、草と雑木に覆われている。仕方がないと、大回りだ。

また湧水地があって、老野神社湧水だ（写真⑪）。神社の裏手には老野水神を祭っている。この地は岡藩の土地だから、それで神社の屋根には中川家キリシタン紋がついている。こんこんと水が湧き出ている。当地の名水なのだ。自動車で水汲みに来ている人もいる。一杯飲んで街道に戻ろう。

中川氏は七万四〇〇〇石。出は播州三木で、秀成が文禄三（一五九四）年に入封して、岡城普請を始める。以来、明治まで岡城を中心に一帯を統治する。この岡城の元は緒方氏が築いた臥牛城から始まる。志賀氏が入城して改修、岡城と称して代々居住していた。天正十四（一五八六）年の島津氏猛攻には城を死守して、豊臣秀吉から感状をもらっている。しかし主君の大友義統の失脚で城を去る。

⑫

ロードパーク「肥後街道」

古屋敷・四つ口・追分

道端に石仏があり、珍しいことに石龕《せきがん》の中に鎮座している。用いている石は阿蘇凝灰岩だ。この石は加工しやすいから、土地の人たちが手造りして祭ったものか。

街道は五〇〇〜六〇〇㍍の台地上を走る。古阿蘇山の広大な裾が、長年の雨風に刻まれて残った所なのだ。そこに街道が開かれたのである。またそれを自動車時代に合うようにと拡張し、直線化してアスファルトで固めてしまった。申し訳程度にロードパーク「肥後街道」が造られて、車族のお休み所となっている。仕方がない、それでも見て進むか。大分県側では豊後街道を肥後街道と呼んでいる（写真⑫）。

古屋敷を通る。ここは肥後藩主の休憩場所だと伝えられている。茶屋場

73

街道沿いの石仏は今も旅人を見守っている

は畑地に変わり何にもなし。殿様の井戸と呼ばれる泉があったが良く分からない。この泉の上に一里木という松の古木があったそうだがもうない。地蔵尊が祭られているだけ。それも道路改修時に移動してこの地に祭られている（写真73）。わずかに旧街道の名残が杉山や雑木林の中に見られる。

道は次に四つ口を通る。その昔、ここらは人家も何にもないところだったので盗賊が往来を妨げていたそうだ。肥後藩士も往来に不便を感じることもあったから、岡藩主は領内での問題発生を恐れて、慶安三（一六五〇）年に栢木《かやぎ》の村などから農家を移住させて店を開かせた。文化年間（一八〇四～一八）には在中盗賊目付も置かれるほどになったという。

四つ口。なるほど、街道と長湯温泉・竹田と交差する地だからそう名付けられたものか。後で述べるが、種田山頭火はここを通って長湯温泉へ行乞した。

次は追分。ここは竹田の城下への分かれ道。歩いていても、案内板はないし、説明・解説板が一枚もない。この地はどんな所と、訪ね歩く楽しみがない。地図が頼りで、読み解く他になし。

神堤

一里ごとに置かれていた里程木もない。豊後側では造られなかったのか。一里山がそうなのか。神馬にはその石灯籠があったが、十六里木跡（大利一里山）が最後であった。すでにこの辺りは二十里跡ぐらいだろう。人家の多い集落を通る。神堤だ。ここは岡藩の御茶屋があった所という。今でも「丸一」などと屋号を持つ家もあるそうだ。しかし、今では町は変わった。その面影もなく、大分・久住間を走る自動車の通過点に

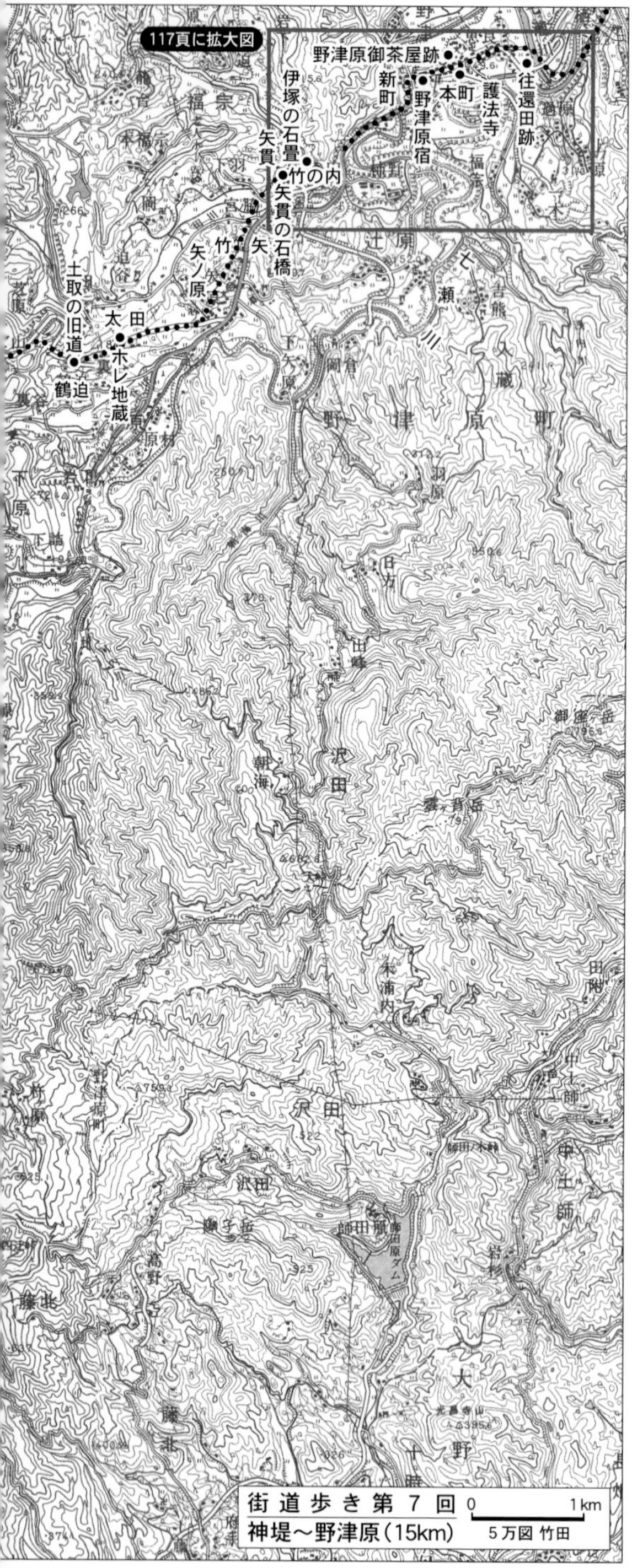

過ぎない（写真74）。

神堤は岡藩主中川氏の休憩所であり、宿場町の役割を持っていた。町の長さ一八町三六間（約二キロ）、道幅三間（五・七メートル）の両側には水路もあった。寺下には大きな井戸もあって旅人ののどを潤していたそうだ。町中央部南側に庄屋屋敷、向かい側の山麓に常証寺、その山奥にキリシタン墓碑がある。しかし県道改修によってその町の良さが失われてしまったようだ。

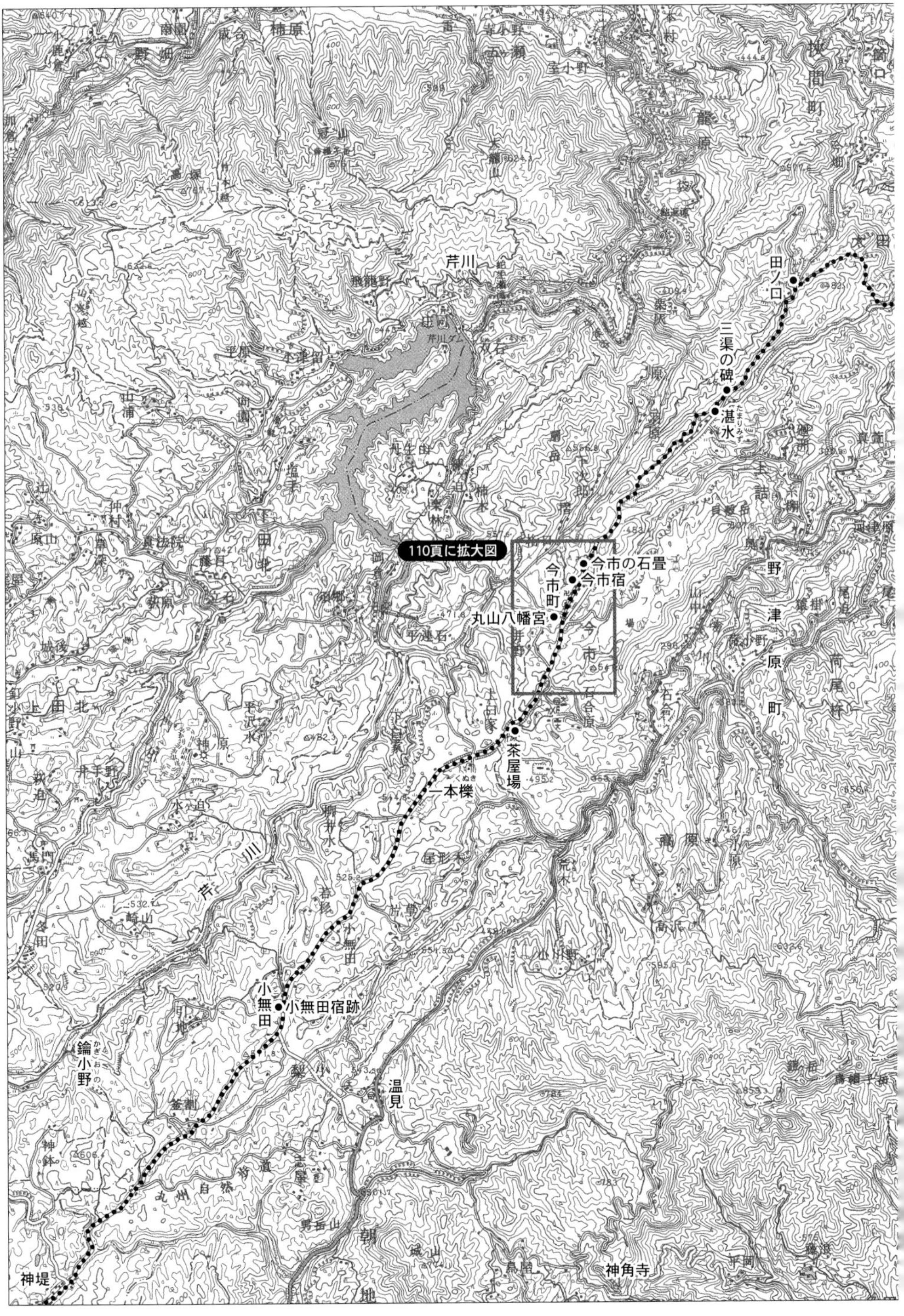
110頁に拡大図
今市の石畳
今市宿
今市町
丸山八幡宮
茶屋場
一本櫟《くぬぎ》
小無田宿跡
小無田
湛水《たまりみず》
三渠の碑
田ノ口
鑰小野《かぎおの》
温見
神堤
神角寺
芹川

⑭

神堤は昔の面影もなくなっている

⑮

青苔をつけたキリシタン墓碑は神秘的

豊後のキリシタン墓碑

尋ねたその常証寺のご住職に案内されてキリシタン墓を見に行く。草刈り作業を中断して案内していただく。よかった、とても一人では行けないところだ。ありがたい。

地区の共同墓地と近くに杉林の中に三〇基あまりが苔むして眠っていた。長さ五〇センチほどの屋根型状で、上部に十字の跡が見られる。正面には漢字で碑文が彫られている。島原地方のキリシタン墓はかまぼこ型が多いのに、それとは趣が違う。よくぞ数多く残ったものだ（写真⑮）。

豊後国も大友氏の時代からキリシタン文化が栄えた。家臣の一人朽網氏が領有する長湯地方は一帯にはキリシタンも多く、その痕跡が残る。この北側芹川流域にはINRI*とローマ字入りT字型の墓が残っている。禁教時代には、万治三（一六六〇）年から天和二（一六八二）年にかけて「豊後露顕」といわれるキリシタン召し捕りで、五〇〇人が処刑されたが、神堤の信者はこの山奥にひっそりと信仰し、祭った。

ご住職のおかげで、いい勉強をさせてもらった。面白味の少ない街道を、陽に照らされて歩いたので疲れた。久住から一三キロの神堤で足を止める。長湯温泉へ回って帰ろう。

＊ INRI＝Iesous Nasarenus Rex Iudaeorun（ナザレのイエス、ユダヤの王）を意味

する語で、磔刑にされたイエス像の十字架に刻まれた言葉。そこからイエスを表わす言葉となる。

再び、山頭火

76

再び山頭火の句碑

長湯（湯ノ原）は古くからの温泉場。町営温泉場の小公園に山頭火の句碑が立っている（写真76）。

「壁をへだてて湯の中の男女さざめきあふ　山頭火」

山頭火は昭和五（一九三〇）年十一月八日、竹田からこの温泉場に着いた。その時に詠んだ句なのだ。

「いちにちわれとわが足音を聴きつつ歩む」

山頭火は放浪の中で句集と日記を残している。この湯ノ原の様子も『行乞記』（昭和五年）に詳しい。

「雑木林と水声と霧の合奏楽の中を歩き湯ノ原に着いた。ここは片田舎だが、さすが温泉場だけのよいところもある。殊に浴場はきたないけど、開放的で大衆的なのがよい。着いて一浴、床屋から戻ってまた一浴、寝しなにも起きがけにも、またまた入浴のつもりだ！」

と、ここが随分と気に入り、温泉に入り浸りだ。日記はまだ続く。

「とにかく私は入浴する時はいつも日本に生まれた幸福を考へずにはいられない。入浴ほど、健全で安価な享楽はあまりあるまい」

温泉の効用と、その楽しみを説いている。全く同感だ。本当に温泉はいい。身も心も湯の中に溶け込んでいく快感はなにものにも代え難い。山頭火もそんなに温泉好きだったのか。温泉好きの私にはたまらない大先輩だ。

その夜は芹川の瀬音を聞き、それを子守唄として眠り、湯と酒とそ

77

宿場の面影を残す小無田の石仏

78

吉田松陰はどこに泊ったのか…と探す

れが私をぐっすり寝させてくれたと、いっている。そして翌朝七時出発して、湯の平《ひら》温泉を目指す。こうして阿蘇行乞が終わり、一句残している。この時、山頭火四八歳。

「阿蘇がなつかしりんどうの花」

湯ノ原は名の通り、「湯の湧き出る所」で、古くから知られていた。岡藩主の御湯屋が置かれていたし、藩主や家臣らがたびたび湯浴びに訪れている。今でもその名残があり、御前湯がある。

帰りの車を待つ間、川岸で休んでいると、川中に露天風呂が見える。子連れの若いおとうさんが入湯している。もちろん側にはおかあさんが見守っている。親子ともどもはしゃぎまわっている。私も入りたいが、帰りの時間が心配で、手足だけ温泉に浸かり、湯をペットボトルに入れて立ち去る。

（街道歩き第六回はここまで）

吉田松陰

街道歩き第七回目は、神堤から再スタート。何せ島原から車を使い、フェリーで熊本へ渡り、阿蘇、久住を走らせて、ここまで来るのに時間がかかり、出発は午前十時となる。だんだん歩く時間よりも車で移動の時間が長くなる。

第六回に続き、面白味のない道を歩く。途中に地域の様子を知らせる案内板などが一つもないから、ひたすら歩くだけ。案内板があると、そこへ立ち寄って、ゆっくりと見学できるのだが、そんなところがよくわからないのである。

大分市に入り、野津原町馬の背という小集落を通る。なるほど、馬の背のように、北側は芹川と南側は七瀬川に挟まれた地にあるからか。

小無田を通る。何もない小さな集落だが、何とここは吉田松陰が宿泊した地である。その跡を探すがわからない。石仏があって集落の古さを示す（写真77）。集落のはずれに、水汲み場があり、宿場としての痕跡をとどめている。大きな家を見つけたので、声をかけるが返事がない（写真78）。残念ながら調べようがないと、出発。由緒あるところなのに、よく整備された県道が通るだけ。ここがどこなのかも知らない車族がビュンビュン通る。

松陰先生のことは研究が進んでいるが、この地を長崎へ急いだことをどれだけの人が知っていようか。嘉永六（一八五三）年、アメリカ艦隊に続いてロシア艦隊が長崎へ入港したと聞いた松陰は、この道を急いだ。十月十七日に鶴崎に上陸して宿泊。次はここ小無田に泊り、坂梨に泊まり、翌々日にもう熊本に到着している。つまり豊後街道を三泊四日で突き切っている。江戸を出てひと月で熊本に着いた。そして熊本では、横井《よこい》小楠《しょうなん》や宮部《みやべ》鼎蔵《ていぞう》たちと連日論議する。いずれも当時一流の思想家で、国の行く末に危機感を持っていた人物だ。

なかでも小楠とは三度も会っている。これは後のことになるが、小楠は甥の大平と左平太をアメリカ留学へ送り出すときに詩を与えた。

明堯舜孔子之道

尽西洋器械之術
何止富国
何止強兵
布大義於四海而已
（堯、舜や孔子の説く理想社会や人としての道を明らかにし、西洋の学問や技術を究めよ。それは国を富ませ、軍事力を強めるだけでなく、大義を日本にもたらして世界に広めるためである）

重商主義的な富国強兵論に基づく改革派で、実学党を結成して藩政改革を推進したり、幕府に建議したりと、開明的な学者であった。

それにしても、なぜ長崎へ急行したのか。アメリカに次いでロシアも来航したその外国勢力を直接目にしたかっただけか。その外国へ行ってみたい願望のためだったのか。

黒船ショックを頭に、はやる気を押さえながら松陰はこの地で一夜を過ごしている。その旅籠はどこなのか。分からぬままに、残念ながら立ち去らねばならない。

丸山八幡宮

暑い中、今市はまだかいなと、つぶやきながら歩いていたら、茶屋場という地に着いた。茶屋があった所なのか。このあたりは高原だが道は低い所を通る。掘り割り式の清正公道特有の造りである。両側の土手は三～四㍍の高さで続く。しかしこの地は岡領なのになぜだろうか。

石合原を通過。ここは縄文時代の生活の場であった所。発掘調査が終わり、歴史資料館に展示されているようだが、素通りして先へ急ぐ。

79

今市宿の繁栄を伝える丸山八幡宮の山門

80

豪商松田庄右衛門寄進の木彫り絵

今市宿に着いた。その入口にあたる所に丸山八幡宮がある。元禄十三（一七〇〇）年に建立された。立ち寄ってみたら、すごい。高さ八メートルあまりの大楼門が聳え立つ（写真79）。それが見事な木彫りで飾られているのだ。

土地の豪商松田庄右衛門尉《しょうえもんのじょう》長次《ながつぐ》が享保五（一七二〇）年に寄進して建立されたもの。破風の飾り彫刻や壁面の二十四孝の人物像と酒造り作業図などが透かし彫りされて、それはそれは見事という他に言いようがない（写真80）。松田家の子孫繁栄と父母の長寿を祈願して、この楼門を寄進したのであろう。

この丸山八幡宮は加藤清正が創建したという。久住宿と野津原宿の中間地点であるこの地に菅原道真を祭り、加護をお祈りしたそうだ。大杉に覆われた境内は神々しく、昔の旅人がした通り道中安全を祈願して参道を下る。

今市宿

今市宿は岡藩の宿場として中川氏が文禄三（一五九四）年、岡城に入った時に設けられた。町は上町と下町からなり、ひと筋続きの宿場町である。

今も続く石畳を歩く。道幅八・五メートルの中央部に二・一メートル幅に平石が敷き詰められている。それが町全体、六六〇メートルにわたって残っている（写真81）。

㉛

今市宿の石畳道。よくぞ残してくださった

（103頁に周辺図）

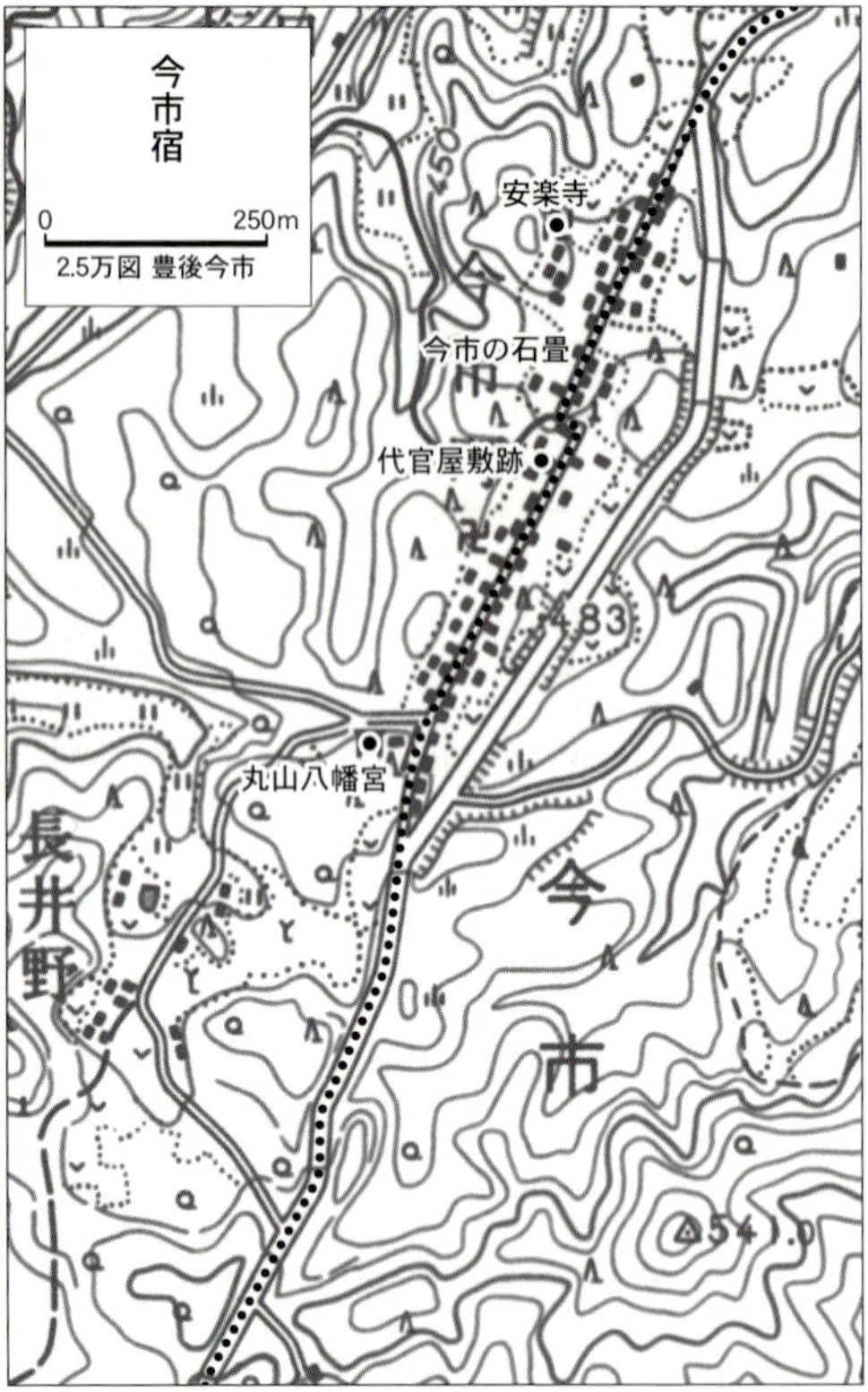

昔の賑わいが目に浮かぶ ㉜

これはすばらしい。今では両側約三㍍をアスファルト舗装して車も通れるようになっているが、よくぞこれだけのものを残したものだ。上町の上構から下町の下構まで五町六間（約五九〇㍍）に切石を敷き詰めたものがそのまま残る。

町の中ほどに、桝形があって道を二度直角に曲げている。これを信玄曲がりという。どこにもある宿場町の特徴だが、ここでは、その部分に逃げ道を造り、火除けヤブ（竹林）

84

堪水《たまりみず》の旧街道。道端に大きな「三渠の碑」が立つ

83

今市を出たら鶴崎まであと八里

を植えている。案内板を見ると、道筋に四〇もの店や旅籠があって、その中央部に代官屋敷と御客屋があった（写真㉜）。岡藩主は、この町の屋敷年貢を免除し、庄屋以下由緒ある家には脇差御免などの特権を与えて保護していた。肥後藩主も参勤時にはここで休憩していた。その時、岡藩主は役人を派遣してソバの接待をしていたそうだ。

　昭和五十三（一九七八）年に県道バイパスが出来たので、車時代になってもここは残された。五年後にはこの石畳道もリニューアルされて、伝えられた。あちこちの旧街道が時代と共に破壊されていくのに、これほど大規模に伝えられている所はない。

　町を出た。正面に大きな看板がある（写真83）。

「岡藩今市宿場跡」「豊後府内へ六里、鶴崎へ八里」

また、県道側壁に参勤行列図が描かれている。この絵のように御殿様は通過したのだな。しばらく目を閉じて、その様子を想像する。

　さあ、鶴崎まであと八里だぞと出かけたら、バリバリと騒音が響く。進むにつれてさらに大きくなる。何と、この穏やかな山村に自動車のサーキット場が出来ている。今日は日曜日で、多くの車族が集まり、スピードを競っている。さしずめ昔なら、馬くらべか。

堪水《たまりみず》

ほどなく堪水《たまりみず》集落を通る。集落裏手へ一間道が残る。これが旧街道だ。県道栢木・野津原線が集落を避けて東側を通ったので古い道筋が残った。かつて石畳もあったそうだがもうない。しかし用水路が道端に残り、とうとうと清水が流れている。側には海舟も眺め驚嘆した「三渠の碑」がある。

「野津原宿より出ずれば山路、往時この宿の村長三輔なる者、山中より水源を引き、三渠を引く。これより古田二十余町、新田三余町を得たりと。その事業を記して碑あり」（写真㉔）

三畳ほどもあろうか大石が立っている。これは驚きだ。各地で記念碑や頌徳碑を多く見てきたが、これほどのものはない。水を大事にする村人の感謝の気持ちがいっぱいつまった碑である。

谷村手永惣庄屋工藤三助とその孫弁助は、元禄六（一六九三）年から、ここの西方はるか下を流れる芹川の上流、鑰小野《かぎおの》から井手を開削した（鑰小野井路）。また大龍《たいりゅう》井路、提子《ひきご》井路の二本を引く。宝永四（一七〇七）年完成し、その受水面積一〇〇〇町という大灌漑事業を成し遂げた。嘉永六（一八五三）年、この用水路の測量と工事にあたった工藤三助を称えて、大きな頌徳碑が立てられたのである。

堪水から県道を離れて田の口へ山道が通る。水路が道上を横切る。自動車が通れる道を作るために切込み、空に架けたもの。これも三渠の一つか。街道は山をぐるりと回ってハゼ山へ向かう。つまり七瀬川の急斜面に道が通せず、このように大回りしたもの。さらに道はヘアピンカーブを描いて一気に七瀬川流域へと出る。このあたりの古い地図を見ると、かなり道が複雑。それが県道敷設・改修時に相当壊されて直線化したが、その面影が道の側に杉山となって残っているところもある。

土取集落を過ぎる。ここには旧街道が一部残り、人家をかすめるように通る。しばらくのんびりと歩ける

伊塚には石畳道があったが行き止り

86（左）85（下）

強固な作りの矢貫石橋は今も現役

道だ。

道端にお地蔵様がポツリと立っている。瀬戸のほれ地蔵という。石の粉をかけると、恋の願いが叶うと、説明板にある。それでお地蔵様も削られて、お顔もはっきりとしない。身を粉にして恋の成就に尽くしていらっしゃるのか。お痛々しい。キティちゃんがお供えしてある。子どももお参りしたのかな。もう今更と思うが、手を合せて通る。

矢貫の石橋

矢ノ原から竹ノ内には旧道が残る。二山一谷を通る難所だったので見放されて、国・県道から外れたのである。おかげで歩く人にとってはよかった。街道歩きで、こんな畑道や山道になるとほっとする。車に煩わされることなく、畑道をのんびりと歩く。二つ目の坂へ差しかかるところの小川に石橋が残っていた。一枚石を用いた橋で、矢貫の石橋という（写真85）。

川幅はそれほどないが、長さ二メートルあまりの石材を何本か渡し、橋脚にも大きな角石を用いてがっしりと積み上げている。それで今まで残ったのだ。すごい。これまた感動だ。

また山へさしかかる。畑の中を折れ曲がって登る。往時をしのぶ石畳が残っている。伊塚の石畳である（写真86）。と、歩いていたら道一面が雑草に覆われている。つまり廃道となってしまった。麓の人に尋ねたら、もう通れないとのこと。登り切ったところにお地蔵さんも祭られ、集落がひと眺めできたそうだが、残念ながら、引き返さねばならない。昔はこのような難所には通行の便利さを考えてこのように石畳道が造られていた。それが今ではほとんどが忘れられたり、破壊されてしまった。

国道へ出て歩いていると野津原《のつはる》中央公民館前に出た。ここへ先ほどの山道が通じていたそうだ。それらしい跡も見られない。道はすぐ七瀬川と出会い、渡ったところが野津原宿だ。

（街道歩き第七回はここまで）

六　野津原から鶴崎まで

〔鶴崎宿泊〕

街道歩き第八回：野津原～鶴崎（二〇キロ）

⑧⑦

野津原御茶屋跡は神社と小学校に変わる

⑧⑧

野津原神社の干支《えと》のしめ縄

野津原宿

街道はずっと下り坂。標高一〇〇《メートル》台になった。久住が五〇〇《メートル》ぐらいだったから、かなり下ってきたことになる。道は古阿蘇舌状台地の末端を通り、七瀬川と出会う。阿蘇の外輪山から東流してきた川である。

この川に市ノ瀬橋がある。その昔は徒歩渡りで、大水の時だけ舟渡しであった。ここから野津原《のつはる》宿が始まる。ここは七瀬川が蛇行した河岸段丘上に開かれた町である。国道から離れて左折したら、そこに旧街道が残り、宿場の面影がある。ここは肥後藩領であって、藩主の参勤時の宿泊地であった。

加藤清正が肥後一国五二万石を徳川家康から拝領したとき、小西行長の旧領である天草地方を断って、その代替地としてこの野津原など豊後街道筋に二万石の土地を得た。そしてこの先、鶴崎を瀬戸内海に向けた海の玄関として中央との交通路として確保できた。こうして、野津原は参勤最後の宿となったのである。熊本から二六里の地である。

野津原宿は、三方を川で囲まれて南は山であるから、防御の面からいっても第一級の地である。清正公《せいしょうこう》は、今通ってきた矢ノ原を最初は宿場にと考えていたそうだ。町が開かれた慶長の時（一六〇〇年前後）は、まだ関ヶ原の合戦が終わったばかりであったから、戦さというものを強く意識した結果であろう。そういえば、ここは城下町の趣もある。

（102頁に周辺図）

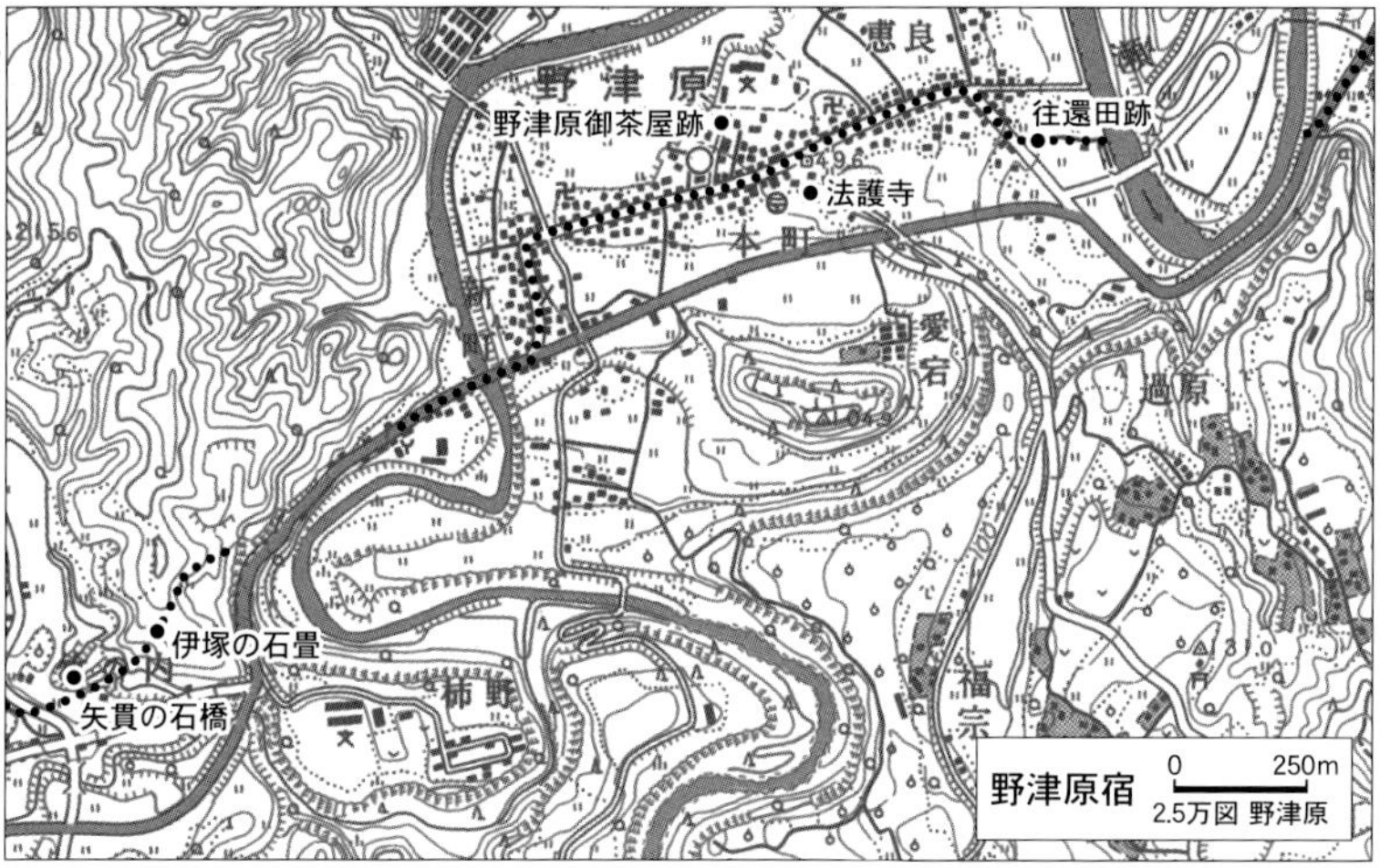

この時本陣（御茶屋）前に民家を集めて、それが古町となる。さらに町を広げて西側に寺町、桝形の外の新町が形成された。古町一七軒、寺町一七軒、新町三三軒と、七〇軒近くの町屋が通りを挟み並んでいた。通りの両脇には幅三尺（一メートル）の水路が設けられ、御茶屋前など三ヵ所には火除ヤブ床があった。

町の中央部に御茶屋、それを挟んで町の出入口に簀戸《すど》、東端に法護寺、その間に多くの町屋などが配置されていたが、その跡はあまり残っていない。藩政崩壊後百数十年にもなるので、無理からぬことか。

法護寺

まず御茶屋跡へ行く。町の北はずれの一段と高くなったところにある。広い屋敷跡は今、野津原中央小学校になっていた。そこへ通じる道の奥に野津原神社がある（写真87）。境内には、その歴史を物語る巨木が何本も残っている。この神社は別名加藤神社ともいい、清正公も祭る。今でも清正公信仰が強いようだ。よく見ると、注連縄が干支の未《ひつじ》を編み込んで作られている（写真88）。なるほど、平成十五年は未年だから、その干支を編み込んだのだろう。この地だけの風習だろうか。

さらに進むと、法護寺がある（写真89）。寺は高い石垣の上に建てられ、表口五間（九・五メートル）、奥行き一五間（二八・五メートル）もある。二層の山門

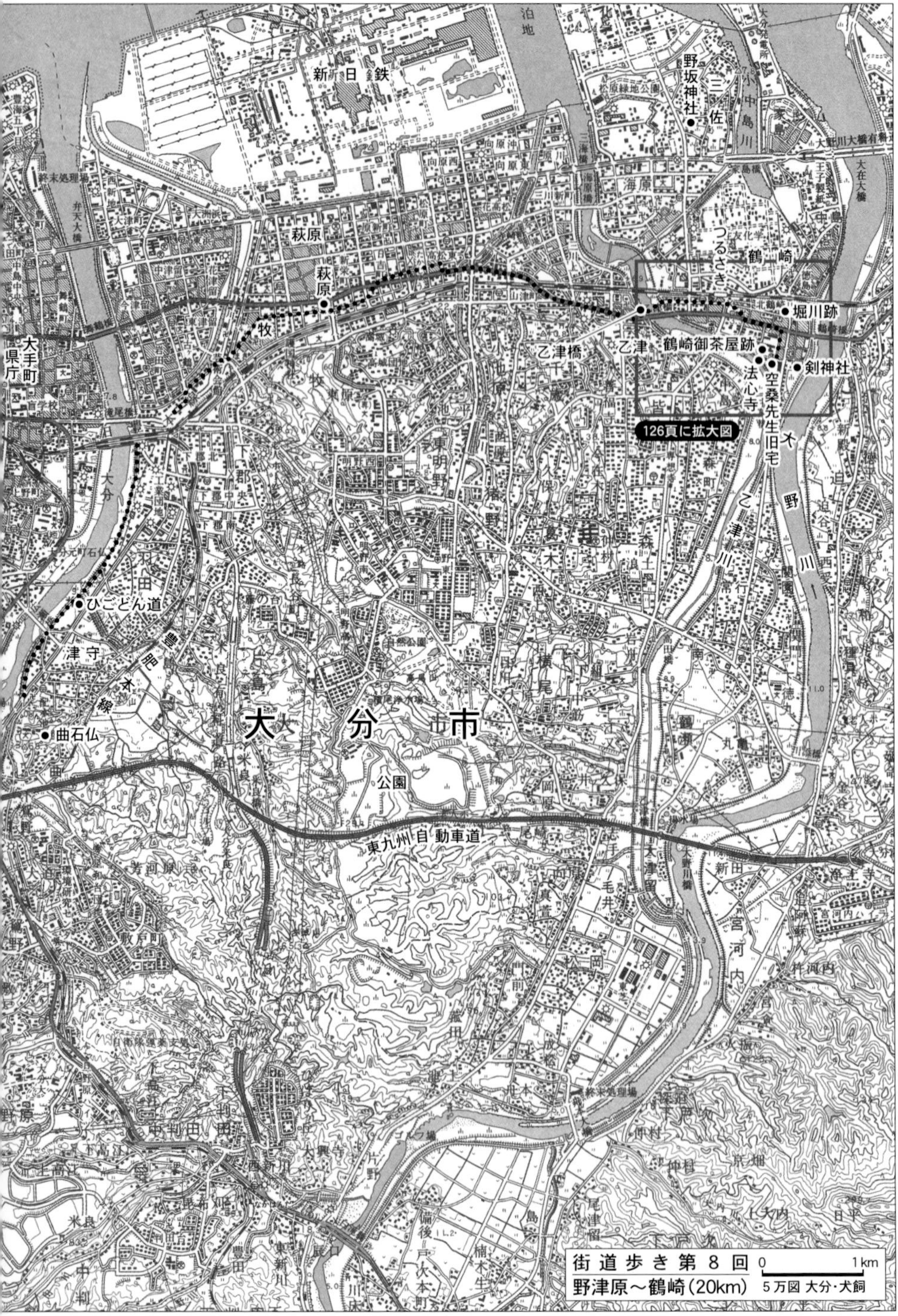

•••を付していない部分は道が不明

大分港
住吉泊地
日豊本線
おおいた
大分川
七瀬川
豊後国分寺跡
八万田
筳会所跡
胡麻鶴橋
胡麻鶴
廻栖
恵良
野津原
本町
供養塔

(89) 堂々たる構えの法護寺。清正公の偉業

(90) ここに街道があった。往還田

を持ち、城を思わせる。御堂脇には清正公殿があって、いわずと知れた加藤清正ゆかりの寺である。

清正公は日蓮宗に深く帰依していたので、宿泊地にこのような寺を建て、仏護におすがりしたものか。まさしく、ここは肥後の国である。

町内には、厨子《つし》（中二階）造りの白壁の家、石垣の壁と、往時の繁栄を伝えている。福城寺の鐘楼の天井には、龍の見事な絵が描かれている。龍と鐘はどんな結びつきがあるのか。一度聞いてみたいこの鐘の音である。

七瀬川渡し

町外れに恵良《えら》の集落があり、そこから河畔へ下りとなる。七瀬川が音を立てて流れている。かなりの大きさで、ここを渡渉、つまり歩いて川を渡る。再び新開からも渡らなければならなかったから、その不便さを解消するために陸路が開かれた。

明治維新後、その道は払い下げられて水田となった。それで往還田という幅二〜三㍍の細長い田が残った。今ではそこに町道を通したので、その部分を青色に舗装していて、街道であったことをはっきり示している（写真(90)）。その道をたどると七瀬川渡し場となる。

恵良からまた七瀬川を渡ったら新開（新貝）。伊能忠敬はこの川を渡り「七瀬川幅二十一間」と記している。こんな大きな川渡りは危険が伴う。雨期は水量が増すし、また他所の人は川筋が見極められないから、水に呑み込まれるものも多かったろう。七瀬川の供養塔が岡鶴側の山付きに立っている。

弘化二（一八四五）年建立の石塔が二基あって、「南無妙法蓮華経」と刻まれた高さ二㍍のものと「奉納妙教一字一石奎為道中安全」と刻まれたものである。発願者や世話人などの名が見られ、道中の安全や五穀豊穣などを合わせて祈願しているのだ。移転された今も、川と新開地を見守っている。

変わる街道筋

廻栖野《めぐすの》、胡麻鶴《ごまつる》橋、木上《きのうえ》峠、穂田《わさだ》と通る。地名が珍しい。いずれもいわれのある地だろうが、残念ながら案内板がないのでよく分からない。

91

光吉の観音堂もすっかりサマ変わり

胡麻鶴橋を渡る。四回も七瀬川を渡っていた。本当に大変なことであったろう。

穂田は古い歴史を持つ。中世の荘園が栄えたところである。「穂田荘三二五町、領家大納言二位局」と古記録にある。その属する名（地域）に光吉《みつよし》など今も伝わる地名が残る。なにせ、七瀬の豊かな水に恵まれて開かれた地であるからだ。

豊後街道は七瀬川沿いに進む。その川は次第に大きくなり、周りに平地を広げている。昔は水田であったろうが、今では住宅地になっている。もうとっくに大分市内に入っている。

その地にこのごろ続々と大型店が進出している。あちこちに道が広がり、駐車場が増えた。旧街道も消えかかり、細い道が僅かに残る。駐車場脇に新しく手を入れた観音堂がある（写真91）。一石六地蔵やいくつもの石仏が新しくコンクリート台の上に鎮座している。多くの旅人を見守ってきた地蔵様も、今では車の見張り役なのかとぼやきたくもなる。

七瀬川が大分川と合流するところに来た。ここは岡藩領八万（八幡）田。対岸の光吉まで板橋があって、「川幅二十間」と伊能は測っている。しかし今ではその先は行き止まり。豊後街道はどこへ行った。目の前に高速道路の大きな橋脚は見えるが渡ることはできない。

島原領預地

対岸に渡る道を探していたら、臼杵藩の莚会所跡碑を見つけた（写真92）。藩政改革のために七草藺《い》を農民に作らせ、藩の専売事業としていた。文化四（一八〇七）年、ここに会所を置いて集荷し、大坂へ送り出していたとある。

92

大分川近くに臼杵藩莚会所跡があった

七草藺は元々熱帯性の植物であったが、寛文年間（一六六一～七三）薩摩より伝来、豊後一帯に広まった。正徳四（一七一四）年には一四八万枚、銀高一七二九貫余の大坂入津高（大坂の七島莚問屋入荷量）を記録、幕末には二〇〇万枚を遙かに超えていただろう。豊後を代表する産物になり、豊後表とか青筵と呼ばれ、実入りのよい農家の副業であった。

光吉に出た。高速道路のインターチェンジがある。ここらは島原藩の預地で石高四〇六石余。寛政十一（一七九九）年から慶応二（一八六六）年まで統治していた。このあたりは臼杵、延岡、府内、幕府領など「御領、他領所々打混す」という状態であった。

川向は府内（大分）藩で、松平氏二万二〇〇〇石の土地。一六世紀末、福原直春が築いた府内城は、何度か城主が替わるが、万治元（一六五八）年以降、大給松平氏が治める。島原松平氏の遠戚に当たる筋だ。幕末まで続き、最後の松平近説《ちかとき》藩主は、幕府の若年寄にもなった人である。

府内城下を遠慮して、豊後街道は大回りしながら大分川沿いに進む。河岸段丘の集落を避けて街道は通っている。曲《まがり》の集落には石仏がある。豊後の国には、臼杵の石仏など各地にあるが、古くから仏教文化が広まっていた証である。

大分川土手

この土手の上を勝海舟たちは歩いたのだな。

「八幡川あり、大抵一里半ばかり川堤に沿うて路あり。海道広く、田畑厚肥、桃菜花盛。関東の三月頃の季節なり」

一行が通ったのは文久四（一八六四）年二月十七日で、陽光の中を気持ち良く歩いたであろう。ゆったりと流れる川と周りに広がる一面の麦畑と菜の花畑。同行の坂本龍馬はチョウを追って河原を走り回り――と、のどかな光景が目に浮かぶ。

この河岸道は河川改修工事で一部消えてしまった。土地の人は「ひごどんみち」といっていたそうで、まさしく肥後（豊後）街道の一部であった。周りには大型店や浄水処理場、自動車学校や工業団地が立ち並びずい分と変わった。幸いにも河川敷が一部整備されており、そこには土手道も残されて、のんびり歩ける所もある（写真93）。

93

坂本龍馬たちも歩いた八幡川（大分川）畔

94

久しぶりで見るJR豊肥線

豊肥本線

日豊本線、豊肥本線のガードを潜り、川沿いの道が終わる。久しぶりに豊肥本線と出会う。この路線の全通は昭和五（一九三〇）年のことである。難所の阿蘇外輪山越えを解決した結果である。熊本側と大分側から線路を延ばし、この年に宮地・玉来間が結ばれ、その名も豊肥本線とつけられた。

豊肥本線とは宮地駅で別れて以来のことで、懐かしい（写真94）。この間は豊後街道沿いに鉄道が敷けない難所であったから、別のコースをたどってここへ出た。

牧《まき》で国道一九七号線を横断して萩原の商店街を進む。再び国道を歩く。高松、寺崎、仲西と進む。乙津川岸に出る。一帯はビル街となっていて街道筋もはっきりしない。

ここで乙津の川渡しとなる。かつては、現在の乙津橋際に渡舟場（波戸）があって、川の流れに乗って対岸へ渡り、日豊本線鉄橋の下あたりに着いていたそうだ（写真95）。この渡しは川幅約五〇間（九六メートル）、舟守四人、馬渡舟も一隻用意されていた。渡った地はもちろん肥後領で、御領木があったと古地図に残る。そして鶴崎村となって、西構口に簀戸があって鶴崎の町となる。町は御茶屋がある本町を中心に、西町、出町などがあって、豊後街道もここで終わりとなる。

95

乙津川畔。この下流が船着場

96

鶴崎御茶屋跡には小学校と高校が建つ

鶴崎御茶屋跡

鶴崎御茶屋跡を見つける。やっと着いたか。三一里、一二五キロをよく歩いたものだ。

一休みして、鶴崎の昔を求めて歩き回る。まず御茶屋跡からだ。広い！　今、学校が二つあって、鶴崎小学校と鶴崎高等学校になっている（写真96）。今まで大津、内牧、久住、野津原と四つの御茶屋跡を訪れたが、さすがここは別格だ。

一二〇メートル四方の広さで、御殿と郡会所、郡代官詰所、茶屋番詰所、蔵、武器庫など多くの役所があった。万延元（一八六〇）年には成美館という学校も建てられた。

かつてここには鶴崎城があったところで、大友宗麟の家臣、吉岡宗歓が領有して城を構えていた。天正十四、五（一五八六〜八七）年の島津軍侵入のときには、妙林尼が城を堅守して、敵を乙津川に襲撃、これを壊滅させたそうである。それで妙林の女将と後世まで称えられている。

その城を加藤清正が、慶長六（一六〇一）年に御茶屋として整備し、肥後藩の玄関口として重要視された。それが細川氏時代にも引き継がれ、明治四（一八七一）年まで御茶屋として二七〇年間続いた。鶴崎の町には本町、西町、出町などがあり、本町は名の通り町の中心部。御茶屋を中心とするところ。出町は西端部で、

（118頁に周辺図）

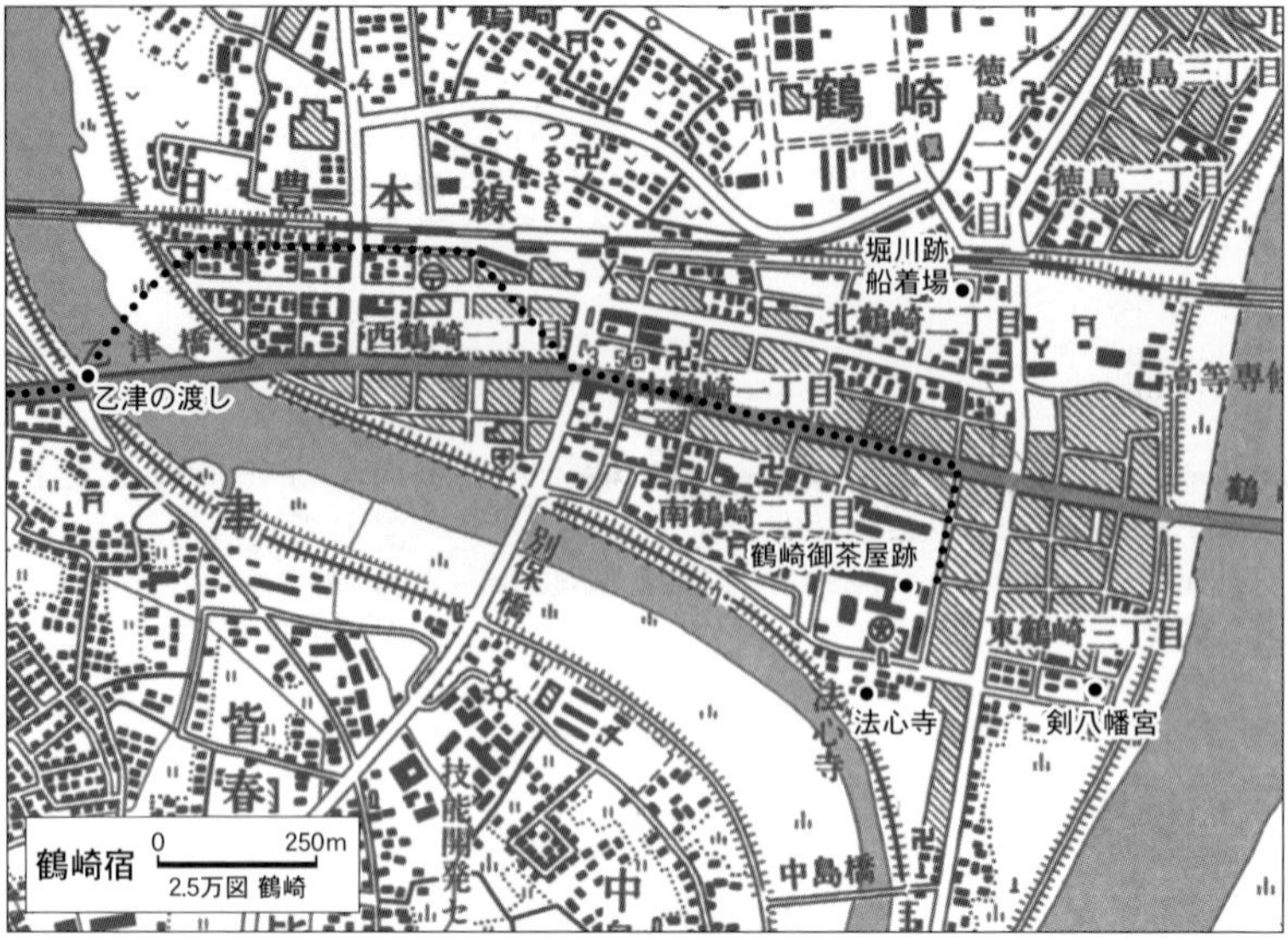

97 大きな法心寺。清正ゆかりの本殿もある

今の鶴崎駅南側付近という。特に戦後の工業化で町も一変。もうその面影もない。

法心寺

道向こうに法心寺という大きな寺がある。加藤清正によって慶長六年（一六〇一）に開山した。清正公は熱心な法華宗の信者であったから、領内外にいくつもの寺を建立している。熊本に本妙寺、ここ法心寺、長崎の本蓮寺、熊本の法華寺（廃寺）、長崎の本経寺と、この五寺で、妙・法・蓮・華・経と日蓮宗の称号となる。

加藤清正は慶長十六（一六一一）年六月二十四日熊本で死亡、子の忠弘が後継するが寛永九（一六三二）年に取り潰しとなる。その後を細川氏が次ぐが、清正公の遺志をそっくり引き継ぎ、この寺も細川家の準菩提寺として手厚く保護した。

⑱
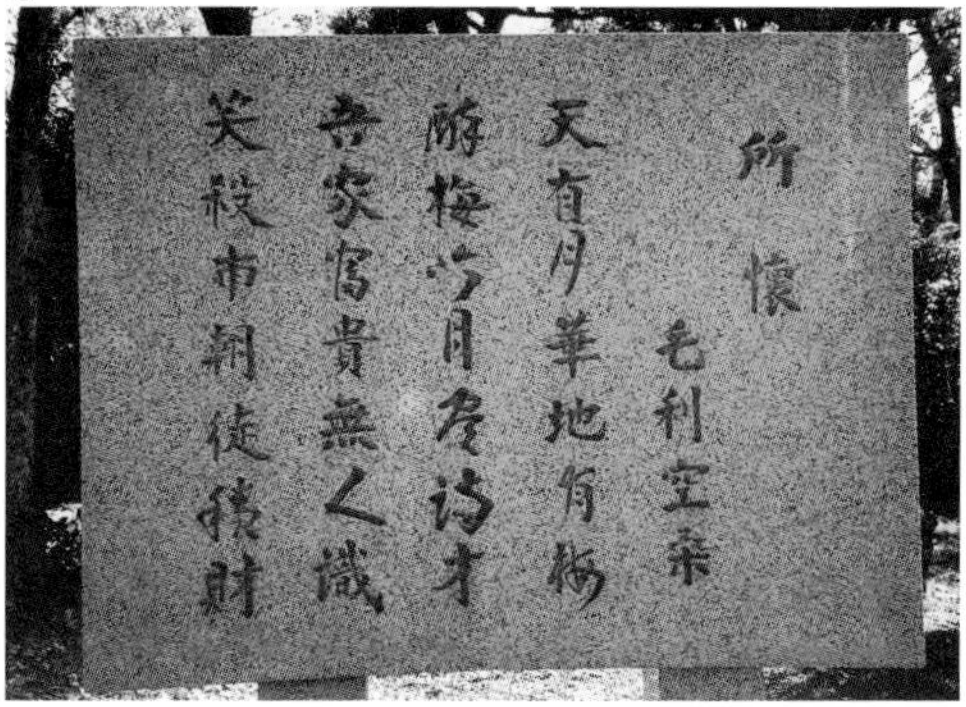

空桑先生には今も学ぶところあり

⑲

剣八幡宮。ここは細川様の神社

山門をくぐる。広い境内には、本堂の前に大きな日蓮聖人像が立つ（写真⑰）。この像は戦闘必勝の霊験あらたかといわれ、太平洋戦争中には大いに賑わったそうだ。横の大銀杏は清正公お手植えのものという。清正公の朝鮮出兵時の逸話と共に今でも伝えられている。左手に清正公本殿があり、これまた野津原の法護寺と同じである。

毎年七月二十三日は二十三日夜祭りが行われる。境内に一〇〇〇本の蝋燭が灯されて、供養を執り行う。清正公様信仰は、この地でも続いている。

毛利空桑先生

寺の隣に毛利空桑《くうそう》先生旧宅と塾跡がある。空桑先生は、寛政九（一七九七）年に生まれた。やがて塾を開き、尊王攘夷思想を広め、若者の指導に当たる。その名は広く知れ渡り、吉田松陰も訪れている。その著『長崎紀行』に述べている。

「十月十六日、夜、毛利を訪ねる」

嘉永六（一八五三）年、長崎へ急行するとき、鶴崎港に上陸したらすぐ先生を訪ねた。先生五三歳、松陰二四歳のときである。夜半、何を語りあったろうか。

今旧宅は記念館となって残り、詩碑が立っている（写真⑱）。

「天有月華地有梅／醇梅吟月尽詩才／吾家富貴無人識／笑殺市朝徒積財」

――天に月が華やかに、地に梅があり、かぐわしい梅と月を眺めて詩作に励む。吾が家には人が知らない豊かさがある。金もうけに走る人たちを笑いとばそう、

101　100

熊本藩主参勤交代時船着場跡
元鶴崎市長　下郡平治書
殿様はここから船出、ここに入港。後ろは日豊線の橋梁

航海安全を祈って剱八幡宮に奉納したものです。縦163セン
波奈之丸入港の絵。実物の写真でなくて残念

と解釈するか。今の世の中にも通用する詩だ。

波奈之丸

細川のお殿様の参勤交代帰着の絵があると聞き、剣八幡宮まで見に行く（写真99）。拝殿に畳一枚ほどの奉納絵馬が掲げられている。残念なことにお宮は施錠されているから、窓越しにしか見られないが、御座船入港のようすがわかる（写真100）。

細川公は五四万石で、さすが見事な参勤行列である。多くの船が見える。御座船の名は波奈之丸という。「波も之《これ》を奈《いかん》せん」と読む。つまり、「波も乗り越えるぞ」という意味があり、細川水軍の意気込みが見られる。

御座船は通常、鶴崎堀川に係留していて、参勤時に瀬戸内海を往復していた。船内には上の間と下の間があって、藩主は上の間に寝起きした。正面に床の間があり、柱や梁は朱塗りで、大和絵を描いた襖に囲まれていた。黒漆塗りの格天井には四季の花や果実が描かれていた。熊本城博物館にはその復元模型がある。さすが肥後五四万石の御座船だ。御殿をそっくり移したようで、細川様の御威光が伺われる。

従う船は七八隻。中には航海の無事を祝って、歌い踊っている船もある。

「御代長く、民も豊かに治まれば～、エイヤー
松の下行く若水を～、汲めよ千代ふるこの水を～、
御代はめでたのー」（インターネット「鶴崎の歴史探訪」）

102

岡藩御座船図を解説つきで見る

また、境内には細川公入部の絵巻物など宝物が保管されているそうだ。石灯籠には細川家の九曜紋入りである。ここには清正公の顔がない。

堀川公園

堀川の船着き場はすっかり埋め立てられていて、支所のところという。今では新堀川公園に記念碑がある（写真101）。

本川（大野川）の水を引いて、船着場を造った。これも清正公の力。鶴崎の湊は瀬戸内への出入口になるので、多くの船の寄港地となった。それで、鶴崎には船問屋が一〇軒余、酒造場も一〇軒を数え、多くの店が軒を並べていた。

鶴崎橋のたもとに作事所跡の碑がある。船の修理場所だった所だ。旧地名に、船頭町、御加子町などの名が見える。これまた船関係の人の住んでいた所。

この湊を出て船は、佐賀関、佐田岬、長浜（または国東、姫島、祝島、室津）、備後《びんご》鞆《とも》、下津井、牛窓、赤穂、曽根、高砂、明石、兵庫、大坂と海上一二八里を進み、さらに東海道を陸路で一三二里、お江戸へ入る。いつの日にか私も行ってみたい参勤コースである。もちろん細川藩主の参勤ルートには豊前街道経由の陸路（熊本から北上して南関〈国境〉、松崎〈久留米〉を経て小倉へ出るルート）もあった。

岡藩御座船図

野坂神社にも立ち寄る。ここには岡藩船団の図があるからだ。

この辺り、乙津川河口・三佐《みさ》は元和九（一六二三）年、岡藩の参勤湊として開かれた。この図は岡藩主十代中川久貴が航海安全を祈願して、文化十（一八一三）年に寄進したもの。寄港する岡藩船団の模様が見事に描かれている。

肥後藩にしろ、この岡藩にしろ、参勤は大仕事であった。特に海上交通は、いつ海難に遭うかわからない。通ってきた的石・隼鷹天満宮の話（前述）のように命がけの御参勤であった。それでこのように船の絵馬を寄進し、道中の無事を祈願したのである。

この絵馬は痛みがひどかったので大分市で修復して、ガラス張りの小屋に保存・展示している。宮司さんの特別の計らいで、中に入らせてもらって、説明つきで見させていただき、ありがたかった（写真⑩）。

これで、長年の夢、「豊後街道を行く」が終わった。今はホッとしているが、感激もジワーッと湧き上がることだろう。

豊後街道の見所

豊後街道三一里・一二四キロを歩いてみると、そこには見所がいっぱいある。その中でもお勧めの所をまとめて紹介する。

一、里木（里数木）

街道沿いにはよく一里塚が築かれていた。これは旅の目安として、旅人の休憩所として木陰を提供していた。豊後街道でもそうで、榎を植えて、一里木、二里木、…何里木と称していた。

この里木（里数木）の仕組みは、加藤清正の業績だという。清正の肥後初入国時に、この街道を通り、その制度を決めたそうだ。その入国は慶長六（一六〇一）年であるから、幕府の東海道など幹線整備より早い。いずれにせよ、肥後藩主の参勤の道として、江戸時代初期よりよく整えられていた。

熊本城内の一角、新一丁目札の辻に里程元標があって、ここから豊後街道が始まる。黒髪五丁目に一里木、上立田に二里木、三里木駅前に三里木と続く。

この二里木は唯一残る榎である。親木に寄生した二世木が一〇メートルの高さに成長して、昔の面影を伝えている。これ以外の里木は失われてしまったが、地名として残り、熊本県側にはその記念碑が建てられている。しかし大分県側には、その仕組みが伝わっていない。国境の産山村大利の一里山（十六里木）が最後で、竹田市神馬に一里山が残るのみ。なぜ豊後の地には里木がないのか、里木（里数木）をたどり歩きながら、その謎解きにトライするのもおもしろいだろう。

里程元標（熊本市新町一丁目）豊後街道など諸街道の出発点。

一里木跡（熊本市黒髪五丁目）鉄柵に囲まれた石碑がある。そこには阿部小壺の句が刻まれている。

二里木跡（熊本市龍田町上立田）親木を土台に二世木が残る。

三里木跡（菊陽町津久礼）ここにある駅名も三里木駅。

四里木跡（菊陽町南方）菊陽の杉並木の北端に残る。

五里木跡（大津町上大津）大津宿のはずれにある。

六里木跡（大津町新小屋）近くに清正公道公園があり、地区の記念碑とともに立つ。

七里木跡（大津町峠）峠茶屋跡の山道のなかに残る。

八里木跡（阿蘇市殿塚）阿蘇谷を歩いていたら杉山のなかに発見。

九里木跡（阿蘇市一里山）一里山の地名とともに残る。

十里木跡（阿蘇市内牧町）内牧宿の西端、商店の一角に残る。

十一里木跡（阿蘇市小野田）広い阿蘇の水田地帯のなかにある。阿蘇五岳が美しい。

十二里木跡（阿蘇市宮地）広い阿蘇水田地帯にあり。

十三里木跡（阿蘇市坂梨上町）坂梨宿の東端に残る。その位置が移動している。

十四里木跡（阿蘇市波野四里塚）四里塚と名前が変わって残る。

十五里木跡（阿蘇市笹倉）笹倉の石畳道にあった。

十六里木跡（産山村大利）一里山という丘があったが削られた。豊後と肥後の国境に近い。

二、杉並木

豊後街道を特徴づけるものが雄大な杉並木道である。

大津街道（熊本・大津間）。ここには樹齢四〇〇年の杉の大木が並木となって残る。その景観は熊本が誇る遺産である。

「熊本から大津まで五里、この道は平坦にして街道の広さ三十間ばかり。左右に土手あり、並木みなみな大樹にて杉、もみ、その他雑樹多し。言い伝える。清正朝臣奉行してこの道つくりけると言う。日本第一といはん。ひろひろとせし街道なり」（古河古松軒『西遊雑記』）

古人が賞賛したその道が今でも残り、建設省（現・国土交通省）「日本の道百選」に指定されている。

大津町高尾野の清正公道、阿蘇市笹倉、産山村大利など、各地に二世木や三世木の並木道が残る。また街道の周り旧道にはその面影を残す並木道が部分的に残り、その地を歩くと流れる汗も引き、気分も健やかとなる。

この杉並木とともに清正公の偉業といわれるのが堀切道だ。

大津町高尾野の堀切道。加藤清正は街道を周囲より低い地に通して、侵入する敵を待ち伏せし、上空から構え討つと考えていた。戦略家の面目がいかんなく発揮されている。

「この所より熊本間、左右に大杉を植え並べ、大いなるは四周十二尺より三周余りあり。道は切り下げたものにして、左右の堤高きところに至っては一丈余りあり。切り下げし道に水さがり、悪きを計りしものと思え、道の中高く、左右に溝を掘りたり。皆、清正公の時出来し由なり」（桃節山『肥後見聞録』）

現在ここは清正公道と地図上にも記載されていて、また「清正公道公園」となって保存されている。これまた一見の価値あるところである。

三、石畳

豊後街道三一里には、山あり谷ありと、平坦な道ばかりではない。通行困難な地も多かった。なにせ熊本・大分間には九州の背骨である阿蘇、九重の山塊があり、それを乗り越えて往来しなければならなかった。実際歩いてみると、その苦労がよく分かる。急坂が何カ所もある。おまけにこの阿蘇山系は火山灰に覆われた土地であったから、大雨によってしばしば道が流されていた。そのたびに道普請をしなければならない。そこで石畳道が造られた。

二重峠石畳。勝海舟が「二重の峠あり。甚だ高く、峠の道十八、九丁。最も難所」と書いた二重峠に、見事な石畳が残る。

標高差二二五メートルの阿蘇西外輪山を登り下りしなければならないので、通行の便を図るために、一・六キロにわたり幅四メートルに三〇～五〇センチ四方の石を一面敷きつめた。隙間には芝を植え付けている。その石の数はいくらあろうか。もちろん、この工事は農民の夫役によるものである。その苦労を物語る「石坂村つくり」の石が残る。石坂村はここから三里（一二キロ）離れたところで、往復だけでも大変なことだろうに、工事にかり出されてこの石を残している。

今市の石畳（大分市今市）。ここは岡藩の御茶屋があったところ。この宿場町全体六六〇メートルにわたって道幅八・五メートルの中央部に二・一メートルの幅で大きな平石が敷きつめてられいる。宿場の繁栄と町民の財力の豊かさがうかがえる。そういえば、町の南端にある丸山八幡神社にはすばらしい楼門とそれを飾る彫りものが残っている。これまた今市宿の繁栄の証拠である。

大利弁天坂と国境（産山村大利）には当時そのままの石畳が残っている。通る人もいないためか、すっかり枯れ葉が積もり、コケに覆われている。歩きにはもってこいの道なのに、忘れられているのだな。
伊塚（大分市野津原町伊塚）にも石畳道が残る。しかしこの先は行き止まりになったので、道は草に覆われたままで廃道寸前である。時代とともに歩き道は不要とされて、自動車道に改修されたり山道になったりとずいぶんと破壊されてしまった。歴史の道としてもっと大切にしていきたいものだ。
しかし、復元された石畳道もある。阿蘇市上小屋地区、阿蘇市坂梨峠、阿蘇市笹倉は地元の人たちの熱意が行政側を動かして、昔のように復元されている。

四、石橋・眼鏡橋

石畳と同じように、交通の便利さをはかるために川には頑強な橋が架けられた。豊後街道は他の街道に比べると、よく石橋や眼鏡橋に出会う。

江戸っ子・勝海舟もそのことに気づき、書いている。

「小流甚だ多く、架する橋は皆石橋。円形に畳み、橋杭なし」（『勝海舟日記』）

阿蘇水系は小河川だが、深い谷で刻まれて急流のものが多い。木橋では大雨ごとに流され、川留めも多かったろう。そこで石造りの橋が広まる。切石を両岸に組み立て、アーチ型に石を積み重ねて眼鏡橋を造る。地元の石は良質の阿蘇石である。

大津堀川四橋（大津町）。大津宿を貫く堀川には江戸時代中期から架けられた四つの眼鏡橋がある。この堀川は阿蘇白川の水を熊本坪井川まで引き、一三〇〇町の水田を潤した。寺の参道や集落の道として橋が造られた。

熊本藩領には種山手永に優れた石工が揃い、肥後の名工と呼ばれていた。その代表格が三五郎、その後を継ぐ甥の卯助、卯市、丈八兄弟である。彼らハイテク集団は各地へ依頼されて架橋に乗り出した。

天神眼鏡橋（阿蘇市坂梨）。これは卯助の手によるもの。霊台橋を完成させたらすぐ取りかかった。

神馬の眼鏡橋（竹田市神馬）。海舟も渡ったであろうこの眼鏡橋は、架橋年や棟梁名は伝わっていないが、今も地域の生活道路として立派に役立っている。このような石橋がこの久住手永に天保時代（一八三〇〜四〇年代）には一一橋もあったそうで、村人の技術力と村の財力の高さに、勝海舟のみならず私も驚く。明治以降もその技術は受け継がれてさらに多くの石橋が造られた。

米賀の眼鏡橋（竹田市米賀）。長さ二〇・五㍍の大型眼鏡橋は大正十三（一九二四）年架橋という。時代とともに眼鏡橋は大型化し、各地に広まる。

しかし現在、河川改修と自動車道づくりのために破壊されたものも多い。名前だけ昔のものだがコンクリート橋に造り替えられている。阿蘇市産神社橋は、ついこの前に造り替えられた。阿蘇市滝室峠の石橋は平成二（一九九〇）年の水害で跡形なく破壊されてしまった。通行が途絶えて放置されるとこんな運命をたどるのか。

よく眺めると、石橋造りの技術は発展している。江戸初期・中期に架設されたものは、一枚石を用いて長さも一間余りしかない。それが後期になると、眼鏡橋へと変わり大型化する。大分市の矢貫石橋や阿蘇市二重峠の石橋は、初期の作で平らな一枚石を何枚も使って架けている。これまた見事な技だ。

五、御茶屋跡

御茶屋とは藩主や貴人の宿泊所で、本陣のこと。藩主は参勤で江戸・領国を往来していたから、宿泊のための施設が必要となる。熊本藩主は豊後街道三一里を五日行程で進んでいたから、その道中に大津、内牧、久住、野津原、鶴崎の五カ所に御茶屋が整備された。それ以外でも昼食・休憩場所として、的石、坂梨、今市などに御茶屋がある。細川藩主は五四万石の大大名であったから、御茶屋の規模も大きい。

大津御茶屋（大津町大津）。大津町日吉神社側にその跡が残る。一八〇〇坪。また近くには三〇〇〇坪の大津手永会所もあって、御茶屋を補完していた。勝海舟一行が昼食を取ったときは総勢五〇人と、記録に残る。その対応が大変であったろう。

的石御茶屋（阿蘇市的石）。阿蘇市的石には唯一御茶屋が残る。建物こそ建て替わっているが、間取りや庭園、泉水は当時そのままである。阿蘇外輪山の伏流水を活用したそのたたずまいは、江戸の豊かな自然をそのまま伝えている。お殿様が現れる錯覚を起こしそうだ。

内牧御茶屋（阿蘇市内牧町）。城跡を御茶屋としたもので、堀や石垣の一部が残る。内牧宿北部に開かれた広大な屋敷であったろうが、その名残はない。それを示す記念碑も壊されたまま。

坂梨御茶屋（阿蘇市坂梨）。阿蘇の山々を借景とした広い屋敷に大きな家が残っている。伊能忠敬の九州測量時には、宿所としてたびたび使っている。しかし今では無人のようで、ご先祖から伝えられた歴史遺産をどう守って行くか、個人の力では限界がありそうだ。と、一休みしてそう思った。

久住御茶屋（竹田市久住町）。九重連山が一望できる久住宿の高台に開かれた。明治期には小学校に変わり、今では久住支所（旧久住町役場）、文化会館となっている。豊後街道の旅も半ばを越して、藩主もこの雄大な久住の峰峰を眺めて、ほっと一息であったろう。

今市御茶屋（大分市今市）。ここは岡藩の宿場町であった。宿場を貫く石畳道が復元・修復されて、今でもその面影が残る。その長さ六六〇㍍、真ん中に幅二・一㍍に平石が敷きつめられている。両側の水路には清水がとうとうと流れ、信玄曲という桝形が当時そのままに残っている。熊本藩主が参勤の時にはここで休息し、岡藩からソバの接待を受けていたそうだ。町の南端に、加藤清正が建てた丸山八幡宮があり、その見事な楼門は、この町の豊かさを今でも伝えている。

野津原御茶屋（大分市野津原町）。七瀬川で三方を取り囲まれた台地上に開かれた。防御面からいってもいい位置にある。加藤清正の戦略がよく現れている。町の東には法護寺があり、高い石垣の上に建てられている。いざというとき、本陣の役目を果たすようになっていたとか。御茶屋跡は野津原神社と小学校になっている。七〇軒の町屋があって、通りに水路もあったそうだが壊されてしまった。

鶴崎御茶屋。豊後街道の終着点。熊本藩の東の玄関口として整備され、藩の政治機関が置かれた。さすがここは別格で、一二〇㍍四方の屋敷があった。御殿と郡役所、郡代官所や学校など多くの建物があった。藩主はここで御座船に乗り換えて瀬戸内海を航海した。今はその地に鶴崎小学校と鶴崎高校が建っている。

六、**温泉場巡り**

豊後街道は、阿蘇・九重という九州を代表する火山のすそ野を通るから、その沿線にいくつもの温泉場がある。歩き疲れた足と身体には温泉が一番よい。心も癒やされる。

〈**内牧温泉**〉　阿蘇は世界一のカルデラである。その中に、阿蘇火山のエネルギーの恩恵を受けた多くの温泉がある。唯一、街道の中で湧き出ている内牧温泉には、リーズナブルな共同温泉があちこちにあって、ちょっとひと風呂浴びて行くには好都合である。

〈**黒川温泉**〉　内牧から阿蘇外輪山を北へ越すと、黒川温泉がある。今では全国に名を売っているが、田の原川畔に懐かしい湯治場の雰囲気が残る。露天風呂巡りができる「入湯手形」が大人気。

〈くじゅうの温泉〉 九重連山一帯は、その雄大な自然に包まれた趣きある温泉場が点在している。七里田温泉は炭酸水素塩泉で、ちょうどラムネの中に浸っているよう。また飲むと胃腸によいそうだ。

〈長湯温泉〉 街道近くの芦川沿いに多くの温泉が湧き出ている。その歴史は古く、岡藩主もよく入浴した。その温泉を御前湯という。多くの文人墨客が訪れ、本文でも紹介したが種田山頭火が好んだ温泉湯だ。ドイツの温泉療養地と友好を結び、ドイツ館もできた。ヨーロッパの温泉地のように飲泉地が設けられている。

〈湯平温泉〉 最後にぜひ寄りたいところが湯布院の山奥、湯平温泉。温泉街の中心に敷かれた石畳は江戸時代からのもの。その両側には、これまたレトロな木造旅館や土産物店が並び、かつての湯治場の面影が残る。石畳にゲタの音を鳴らして歩けば、ひと時代昔へタイムスリップした気分。のんびり過ごすには、もってこいの所だ。

おわりに

豊後街道を八日かけて歩き終えた。月に一度の街道歩きであったが、毎回楽しい時が過ごせて有意義だった。その距離三一里（一二四キロ）である。すっかり旅人になりきって、ぶらっとあちこち立ち寄って、楽しみながら三一里を歩き通すことが出来た。

豊後街道を行く旅は、毎回新しい発見と驚きの連続であった。

里程木が熊本県側には残っていて、何里歩いたと、歩く楽しみを与えてくれた。その里程木が、一里木から十六里木までその跡が残っている。これは加藤清正が植えさせたものだという。清正公は肥後五四万石を拝領したときに、天草二万石を断ってこの街道沿いの土地を手に入れた。それが久住であり野津原、鶴崎の地である。それで豊後国なのに肥後の国扱いであった。しかし里程木は違う。大分県側には久住町の神馬一里山石灯籠塚しかない。清正公の御威光も豊後国には及ばなかったのか。もともと豊後側には里程木がなかったのかもしれない。他街道と同じように一里塚が築かれていたのだろう。

豊後街道は肥後藩主の参勤交代のコースであった。藩主は他国に泊まらずに旅ができた。清正公のねらいはそこにあったのかもしれない。それで街道筋には御茶屋がいくつも残っている。

阿蘇市的石御茶屋跡は細川の御殿様がしばし休憩したところ。建物こそ建て替わったが、庭園と泉水はそのまま残っている。眺めていると豊かな気分になり、江戸の世界にタイムスリップしたようである。

大分市の今市宿跡には、当時そのままの石畳道が六六〇メートルも残されている。地域の人たちはそれを守り続けてきた。自分たちの町を愛し、町と人の歴史を大事にする姿勢が良く伝わる。

文久四・元治元（一八六四）年、豊後街道を往復した勝海舟はその様子を日記に残している。幕末のあわただしい中を、海舟は坂本龍馬たちを率いて長崎へ向かった時である。

「我、この地を過ぎて、領主の田野に意を用いしこと、格別なるに歎服す。また人民、熊本領にして素朴、他の比にあらず」

海舟が見て、龍馬に語ったであろう風景があちこちに残る。龍馬はこの長崎行きで開眼し、閉塞社会の打破を目指したといわれる。海舟四二歳、龍馬三〇歳のときであった。

桃節山は二重の峠に、慶応三（一八六七）年に立った。

「坂上に登りて阿蘇郡を見渡し候えば四方に山を以て屏風を立てる如く包み回し――」

今でもその地点に同じように立つことができる。そして阿蘇の山々を眺めていると、江戸の旅人になったようで、気分も雄大となる。

豊後街道を歩いて熊本・大分の文化に触れ、歴史を思考することが出来て、また身も心も癒されて本当に良かった。

この本をまとめているときに、熊本の小中学生一六〇人が豊後街道（野津原〜熊本）を踏破したというニュースを聞いた。猛暑の中を五泊六日で歩き通し、八月二十日熊本城へ全員無事にゴールしたのである。子どもたちは歩いて歴史と文化を学び、何よりも一〇〇㌔余りを歩き通すという、逞しい身体と心を身につけたのである。すばらしいぞ、肥後っ子！

豊後街道が子どもたちの成長に生かされている。それは地元の自然と歴史を大切にする人たちの、長年の取り組みの成果である。

ぜひ、みなさんも豊後街道に足を運んで下さい。歩いてよし、自転車でよし、自動車でもよし。

「ほんて（本当に）、豊後街道は良か道ですばい」

このようにすばらしい豊後街道を歩いて、見たり感じたことを今回、『豊後街道を行く』という本にまとめることが出来た。この時に、各市町村のパンフレットや各地の案内・説明板が大変参考になった。またたくさんの先輩の本やホームページを読み、事前調査が出来て感謝している。お礼申し上げたい。

二〇〇六年春

松尾卓次

〔主要参考文献〕

『熊本県歴史の道調査――豊後街道』（熊本県教育委員会）
『歴史の道調査報告書――肥後街道』（大分県教育委員会）
森田誠一『熊本県の歴史』（山川出版社）
渡辺澄夫『大分県の歴史』（山川出版社）
熊本県高校社会科研究会『熊本県の歴史散歩』（山川出版社）
大分県高校社会科研究会『大分県の歴史散歩』（山川出版社）
角川日本地名大辞典編集委員会『角川日本地名大辞典・熊本県』（角川書店）
角川日本地名大辞典編集委員会『角川日本地名大辞典・大分県』（角川書店）
木村礎他『藩史大事典・九州編』（雄山閣）
井上光貞監修『図説・歴史散歩事典』（山川出版社）
吉野裕訳『風土記』（平凡社）
種田山頭火『山頭火日記』山頭火文庫（春陽堂書店）
佐久間達夫『伊能忠敬測量日記』（大空社）
吉田松陰『西遊日記』『長崎紀行』吉田松陰全集（岩波書店）
勝海舟『勝海舟日記』勝海舟全集（勁草書房）
高木善助『薩陽往返記事』日本庶民生活史料集成（三一書房）
古河古松軒『西遊雑記』日本庶民生活史料集成（三一書房）
桃節山『西遊日記』『肥後見聞録』日本庶民生活史料集成（三一書房）
高山正之『高山正之先生日記』日本都市生活史料集（学習研究社）

〈著者略歴〉

松尾卓次（まつお・たくじ）
昭和十年（一九三五）年、島原市に生まれる。
中学校社会科教師として島原市などで勤務。島原市立第二中学校をへて現在、島原城資料館解説員。
平成十三（二〇〇一）年、島原半島文化賞を受賞。

〔著書〕

『たいへん――島原大変二百回忌記念誌』（共著、島原市仏教会）
『おはなし 島原の歴史』（葦書房）
『肥前島原藩明細帳』（翻刻、島原図書館）
『新・島原街道を行く』（出島文庫）
『千々石町誌』（共著、千々石町）
『ぶらっとさらく島原』（島原郷土資料館）
『長崎街道を行く』（葦書房）
『目で見る南高・島原の百年』（郷土出版社）
『マンガ 島原の歴史』（同書刊行会）

豊後《ぶんご》街道《かいどう》を行《ゆ》く

二〇〇六年一〇月五日発行

著　者　松尾《まつお》卓次《たくじ》
発行者　三原浩良
発行所　弦書房
（〒810・0041）
福岡市中央区大名二‐二‐四三
ELK大名ビル三〇一
電　話　〇九二・七二六・九八八五
FAX　〇九二・七二六・九八八六

印刷　アロー印刷株式会社
製本　篠原製本株式会社

ISBN4-902116-61-8 C0021